*In der Hölle
ist der Himmel los*

Astrid Oberhammer

In der Hölle ist der Himmel los

Bibliografische Information der Deutschen Nationalbibliothek: Die Deutsche Nationalbibliothek verzeichnet diese Publikation in der Deutschen Nationalbibliografie; detaillierte bibliografische Daten sind im Internet über www.dnb.de abrufbar.

© 2014 Astrid Oberhammer

„Herstellung und Verlag:

BoD – Books on Demand, Norderstedt"

ISBN: 978-3-7322-8854-0

Dienstag, 13. Mai 2008

„Runter von meiner Nabelschnur, aber ein bisschen plötzlich!!"

Das kann ja nicht wahr sein, jetzt ist mein Zwillingsbruder Leander schon wieder auf mir eingeschlafen und stiehlt mir Sauerstoff oder, falls er wach ist, ständig das Essen! Der wird sich noch wundern, wenn wir erst mal aus diesem engen Bauch von Mama entschlüpft sind. Dann zahle ich ihm dieses Herumgewetze und die schlaflosen Stunden heim, Lieblingsbruder und Freund hin oder her.

Mama hat gesagt, dass wir eh bald raus dürften. Nur ein kleines Weilchen sollten wir noch aushalten. Die hat ja gut reden! Sie muss sich nicht ständig mit einem egoistischen Bruder herumärgern, der den wenigen Platz, den wir zur Verfügung haben, allein für sich in Anspruch nehmen will.

Stellen Sie sich mal vor, Sie wären monatelang mit Tausenden Fans bei einem Konzert von Madonna in der Stadthalle eingesperrt und Madonna vertröstet Sie, dass Sie in ein paar Wochen mal nach Hause gehen dürften. Na eben, da sehen Sie es, das hält niemand lange aus. Aber wir müssten.

„Huch! Wer schreit denn da schon wieder? Wer hat mich da aufgeweckt?"

Ach so, das ist wieder dieser Nörgler. Ständig beschwert sich Laurenz darüber, dass er unten liegen muss. Was kann da ich dafür? Hätte er sich halt anderswo platziert...

Oh Gott, jetzt macht Leander auch noch sein Geschäft, während ich trinken will! Lasst mich hier endlich raus, hier will ich nicht mehr bleiben!

„Ich will hier rauuuuuussssssss!!!"

Freitag, 6. Juni 2008

Der werdende Vater, Rufus Sunatas, selbst als Primar der Plastischen Chirurgie im hiesigen Krankenhaus angestellt, ist sich auf der Entbindungsstation umsehen gegangen, während seine Frau für die Sectio caesarea, den landläufigen Kaiserschnitt, vorbereitet worden ist. Er war neugierig, welche Neuerungen es auf dort wohl geben könnte. Jene Zeit, die Svenja Sunatas mit dem Setzen der Peridualanästhesie verbringen würde, könne man ja anderweitig sinnvoll nutzen, meinte er. Diese Anästhesie lähmt die Nervenbahnen ab dem Becken der Patienten und ist für eine Kaiserschnittentbindung somit optimal. Bei Bedarf innerhalb der nächsten 24 Stunden können nämlich die Patienten die Dosis der Schmerzregulierung per Knopfdruck selbst bestimmen.

Als Svenja langsam in Panik fällt, weil ihr Mann bereits seit mehr als einer Stunde abwesend ist, er könne die Geburt ihrer lange ersehnten Zwillinge verpassen, weil man sie bereits in die OP-Schleuse des Operationssaals schiebt, hört sie hinter einer grün gewandeten und maskierten Person die ihr vertraute Stimme von Rufus.

„Da bist Du ja nun doch endlich! Seit über eine Stunde bist Du einfach verschwunden!", klagt Svenja ihren Mann an.

„Meine Güte, nun rege dich doch nicht so auf! Ich habe mich doch nur etwas umgesehen", verteidigt er sich lahm.

„Umgesehen?!" Ihre Stimme bekommt den bei Svenja berühmten Kippeffekt. „Du hast vielleicht Nerven! Die Zwillinge kommen jeden Moment und du gehst dich UMSEHEN???!!! Das ist ja wohl die Höhe, dass Du mich da ganz alleine herumliegen lässt!"

Das OP-Personal hebt Svenja nun auf einen eigens vorbereiteten OP-Tisch und schiebt sie endgültig in den Operationssaal. Alle OP-Lichter brennen wie Sonnenstrahlen auf sie herunter, zwei Schwestern breiten eine große grüne Tuchwand zwischen Brust und Bauchhöhe vor Svenja aus, damit sie das blutige Geschehen auf der anderen Seite nicht sehen könne. Nachdem sie nun für die Sectio caesarea bereit daliegt, beide Arme und Beine ausgebreitet und sich wie gekreuzigt fühlt, werden die Überwachungsgeräte und Lokalanästhesie angeschlossen.

Plötzlich spürt sie, wie an ihrem Bauch gezerrt wird, das ist zwar etwas unangenehm, aber da keine Schmerzen einsetzen, beruhigt sie sich wieder und wartet auf die ersten Schreie ihrer Babys.

„Wie sie wohl aussehen? Ob sie gesund sind? Sind die beiden wirklich noch so klein, wie der Arzt mir bei der letzten Untersuchung prophezeit hat?", denkt sie. Während sie noch beim Überlegen ist, hört sie bereits einen Chirurgen am Ende ihrer Beine die üblichen Worte sprechen:

„Klemme – Schere – Tupfer! Da ist er ja, unser Zwilling Nr. 1! Na, wie soll er denn heißen, der kleine Mann?", fragt einer der beiden Oberärzte der Gynäkologie, der den gut 20 cm langen Kaiserschnitt gewagt hat und das erste winzige Würmchen in die Hände nimmt.

„Der Erstgeborene soll Laurenz heißen, der zweite Zwilling Leander", presst die werdende Mutter heraus. Schließlich konzentriert sich ihre Aufmerksamkeit nur auf das, was sie hinter dem mit grünem Tuch abgesperrten Bereich unterhalb ihrer Brust nur hören kann.

Das Chirurgenteam steht gemeinsam mit einem Kinderarzt und einigen Schwestern rund um den Operationstisch und hat Laurenz um 7:06 Uhr per Kaiserschnitt entbunden, während Svenja gespannt auf die Ankunft ihres 2. Zwillingsbuben wartet, damit sie beide kurz begrüßen, in Augenschein nehmen und eventuell streicheln kann.

Wer stört denn jetzt schon wieder meinen Schlaf? Was ist denn das nun wieder? Will mich hier jemand verhören oder warum leuchtet man mir mitten ins Gesicht? Was will der Rüpel da von mir? Da greift mich ein grünes Monster mit Handschuhen an! MAAAAMAAAA!!! Wach doch auf! Da will mich jemand von Dir wegholen und keine Fingerabdrücke hinterlassen! Bitte, Mama, mach' doch etwas!!!

„Wääääh!" Um Himmels willen! Was ist denn DAS? Soll das ein grün gekleideter Attentäter sein? Seine Hände sind voller Blut und ein anderes Monster starrt mich mit einem Messer in der Hand an? Was machen die Kerle da? Was hat denn Leander bloß wieder angestellt, dass gleich eine grün gekleidete Armee hier erscheint? Kalt ist es außerdem! Was denken die sich überhaupt? Und

überhaupt, wo ist meine Mama! Ich will zu meiner Mama! Meine Güte, die Mama. Erkenne ich sie denn überhaupt? Ich weiß ja nicht einmal, wie sie aussieht!"

„Gott sei Dank, dem Kleinen geht's gut. Schnell ins Tuch einwickeln, kurz zur Mutter und dann ab mit ihm zur Untersuchung. Dorthin dürfen Sie Ihre Jungs begleiten, Herr Kollege. Aber das wissen Sie ja alles." Der Gynäkologe übergibt den lauthals schreienden Laurenz seiner Mama.

„Mein süßes Mäuschen! Da bist Du ja endlich, Laurenz! Geht es ihm gut? Wie geht es denn dem Zwillingsbruder?" Der Rest geht in herzzerreißendem Schluchzen samt Freuden-, Stress- und Erleichterungstränen unter.

Schön. Das ist also meine Mama, ich habe sie gleich an ihrer nervösen, manchmal etwas schrillen Stimme erkannt, die glatt eine Oktave höher klingt, wenn sie sich aufregt. War gar nicht so leicht, schließlich weint sie ja mehr, als dass sie etwas sagt. Während wir noch in ihrem Bauch gewohnt haben, hat sie immer viel gelacht, uns vorgesungen oder uns mit Freddie Mercury und Montserrat Caballé zum Einschlafen gebracht.

„So, da haben wir nur 3 Minuten später Zwilling Nr. 2. Frau und Herr Dr. Sunatas, ich gratuliere Ihnen zu Ihrer nun kompletten Familie! Sie dürfen die beiden noch kurz ansehen." Eine OP-Schwester legt der gerade etwas außer Kontrolle geratenen Mutter nun auch Leander neben den rechten Arm, der nicht an die Narkosenadel oder das Überwachungsgerät angeschlossen ist, aber dennoch festgebunden ist. Sämtliche Schleusen haben sich bei Svenja geöffnet, und so fließen hemmungslos die Tränen, begleitet von heftigem Schütteln.

Der immer noch brüllende Laurenz wird, begleitet von seinem Vater, gemeinsam mit seinem Bruder Leander, der das Ganze inzwischen etwas gelangweilt betrachtet, ins Nebenzimmer gebracht, untersucht und später zur Neonatologie, der Frühchen-Station, gebracht. Leander, der sich etwas regelmäßiger mit Essen und Trinken versorgt hat, darf nach eingehender Untersuchung des Kinderarztes später auf die „normale" Geburtsstation gleich neben seine Mama.

„Das hat er nun davon, dieser Schreihals und Beschwerdeführer!", denkt sich Leander und macht es sich auf Mamas Brust bequem. Das kleine Mützchen aus Mullverband, das ihm die Schwestern

aufgesetzt haben, zupft er sich ständig herunter. Mama oder Papa, der gerade seine von zu Hause mitgebrachte Jause ausgepackt hat und mampfend daneben sitzt, setzen es ihm wieder auf, er reißt es sich herunter, Mama oder Papa ... Dieses Spiel wird fortgesetzt, bis der endlich erschöpfte Leander wieder einschläft.

Etwas unsanft wird er nach ein paar Stunden wieder einmal geweckt. „So, kleiner Mann. Nun geht's zum Baden und Anziehen. Du willst sicher schön aussehen, wenn Du Deinen Bruder im Wärmebettchen besuchen darfst."

Die Säuglingsschwester hat zwar einen angenehmen Geruch, aber diese rauen Umgangsformen! An denen darf sie noch arbeiten! Aber Mama ist ganz okay. Ich bin ja nur froh, dass ich sie gleich mal alleine für mich habe und mich, wie sich das gehört, ordentlich in ihrem Bett breit machen kann. Mamas Bett ist ja im Vergleich zu unserer letzten Behausung wie das Wembley-Stadion. Kann ich nur empfehlen, zumal sie sehr warm und anschmiegsam wie eine Katze ist. Sie darf mich gerne den ganzen Tag streicheln, abküssen und mein Mützchen zurecht zupfen, wenn sie mir nur ausreichend zu trinken gibt. Danach können wir ja mal sehen, was Laurenz macht. Inzwischen fehlt er mir doch etwas. Aber das bleibt ein Geheimnis. Man soll seinen Zwillingsbruder ja nicht so verhätscheln...

Freitag, 3. Juni 2011

Drei Jahre waren seit der Geburt von Laurenz und Leander vergangen. Drei Jahre, in denen sich ihre Mutter um die beiden rund um die Uhr gekümmert hatte und in denen sie sprechen, alleine essen und trinken und viele andere Dinge gelernt hatten. Die Zwillinge besuchten nun auch den städtischen Kindergarten und fühlten sich dort sehr wohl.

Svenja Sunatas war an diesem Tag wieder einmal in Eile, die Arbeit hatte sie länger in Anspruch genommen, als ursprünglich geplant. Ihr Chef, Herr Niederwimmer, hatte ihr noch einen neuen Auftrag erteilt, der noch bis 15 Uhr erledigt sein sollte. Dabei wollte sie doch noch Lampions, Kerzen und alle Zutaten für die Geburtstagstorte, eine Schwarzwälderkirsch-Torte, einkaufen. Die Torte hatten sich ihre beiden Lauser gewünscht. Verschmitzt hatten sie noch angemerkt: „Aber, Mama, keine Alkohol in unsere Torte geben!" Ganz so, als hätte sie schon einmal eine alkoholgeschwängerte Torte essen müssen. Alles sollte doch perfekt sein für den 3. Geburtstag ihrer beiden Lieblinge am Montag. Da aber die Verwandtschaft, die der Reihe nach ihre Glückwünsche und Geschenke für die Zwillinge bringen wollten, sollten am Wochenende die beiden Hauptfeiern stattfinden, und am Montag wären noch die kleine Geburtstagsfeier zu viert sowie am Vormittag im Kindergarten geplant. Alles schön verteilt, damit die beiden Hauptakteure nicht allzu viel Rummel geballt an einem Tag haben sollten.

Endlich hatte Svenja ihre Papiere ausgedruckt, ihrem Chef überreicht, ihre Handtasche an sich genommen und war Richtung Parkplatz gehetzt, da kam sie darauf, dass der Autoschlüssel noch in der Schreibtischschublade lag. „Mist, jetzt muss ich noch einmal die zwei Stockwerke hinauf jagen und den Schlüssel holen, das sind dann noch einmal fünf Minuten Verspätung mehr."

Als Svenja nun alle ihre Sachen beieinander hatte und zum Auto lief, stürmte es und der Regen setzte gerade an. Es war erst 15.30 Uhr, aber bereits stockdunkel. Der richtige Regenguss sollte erst noch kommen.

Etwas gehetzt, aber dennoch fröhlich, kam Svenja beim

Kindergarten an, wo die Zwillinge sie bereits sehnsüchtig erwarteten. Die Kindergartenpädagogin empfing sie auch mit dem Hinweis, dass Leander einige Male nach seiner „lieben Mama" gefragt hätte und Laurenz stürzte ihr mit Tränen in den Augen entgegen. „Hab' ich schon geglaubt, du kommst nicht mehr!", so wurde sie empfangen, umarmt von beiden und gleichzeitig mit Bussis überschüttet, was ihr schlechtes Gewissen nur noch größer werden ließ.

„So, Mäuse, wir müssen uns beeilen, die Oma wartet bereits auf uns, und wir müssen noch alle Zutaten für eure Geburtstagstorte und eure ganze Geburtstagsfeier einkaufen. Hopp, hopp!"

„Geburtstagstorte und Geschenke! Juchu! Ich freue mich schon so!", riefen alle zwei durcheinander und begannen erst mal ein richtiges Wetthüpfen samt Gesang und gegenseitiger Gratulation: „Happy birthday, lieber Laurenz, happy birthday, lieber Leander!", anstatt sich von ihrer Mama die festen Schuhe und die Regenjacken, die Svenja noch schnell aus dem Rucksack mit diverser Ersatzbekleidung aus dem Wagen hervor gezerrt hatte, anziehen zu lassen. Außerdem wollten sie noch ihre Jausenbox auspacken, um den gerade neu entflammten Hunger zu stillen. „Ich hab' Durst", meinte auch noch Leander und rannte wieder in seinen Gruppenraum, um sich einen Saft zu holen.

„Laurenz, Leander, bitte!!! Bitte herkommen und anziehen. Ich habe euch doch gerade gesagt, dass wir noch viel zu erledigen haben", flehte schon fast Svenja, bis nach einigen Boxhieben gegen den Bruder sich doch die beiden entschlossen, sich gnädiger weise hinzusetzen und Mama werkeln zu lassen. „Der Socken da passt aber nicht", quengelte wiederum Laurenz und hielt Svenja den Fuß, ganz verzweifelt dreinblickend, hin. Nach dreimaligem Schuhan- und wieder -ausziehen, weil die Socke immer noch nicht gepasst hatte, waren beide Kinder in Schuhe und Regenbekleidung gewandet und somit fast abfahrbereit, denn die Hauben waren nicht aufzufinden. Schließlich fanden sie sich in den Kapuzen der Regenjacken wieder ein.

Gegen 16 Uhr bugsierte Svenja Sunatas ihre beiden Kinder, in der einen Hand die beiden Kindergartentaschen und Laurenz, an der anderen Hand Leander und auf einer Schulter den großen Kindergartenrucksack mit weiterem Ersatzgewand, Windeln etc. und um die andere Schulter ihre Handtasche, Richtung Auto. Den Autoschlüssel an einem langen Band um den Hals gehängt, drückte sie schnell auf die Fernbedienung, und das Auto öffnete daraufhin seine Schlösser, auf die Dinge harrend, die da kommen würden.

Schnell eine hintere Autoschiebetür aufstoßend, hob sie gleich beide Kinder hintereinander hinein, warf die Tür zu und sicherte vom Wageninneren aus ihre Buben jeweils in ihren Kindersitzen, wohlweislich darauf achtend, das „richtige" Kind in den jeweiligen Kindersitz anzuschnallen. Ansonsten wäre der obligatorische Streit um den „richtigen" Kindersitz wieder ausgebrochen, mit Zeter und Mordio der Zwillinge.

Mit einem hastigen Blick auf die Uhr startete die Mutter den Wagen und fuhr zur bereits auf alle wartenden Großmutter, die Svenja dankenswerterweise bei ihren Einkäufen mit den Kindern begleitete, da jeder seinen eigenen Einkaufswagen samt darauf montiertem Auto mit Lenkrad für sich im Kaufhaus beanspruchte. Das Kaufhaus hatte eine Tiefgarage, die sie bereits für ihre Einkäufe mit den Zwillingen im Zwillingskinderwagen zu schätzen gelernt hatte. Bei jeder Witterung ist eine Tiefgarage eine Erleichterung mit dem Zwillingskinderwagen. Im Sommer, weil das Auto etwas abkühlen kann, im Herbst und Winter, um bei eventuellem Regen- oder Schneeschauer während der jeweils ca. 15minütigen Aus- und Einstiegprozedur mit den Zwillingen nicht klatschnass zu werden.

Die Straßenbeleuchtung war bereits eingeschaltet, die entgegenkommenden Autos blendeten auf der regennassen Fahrbahn etwas, aber das störte Svenja nicht allzu sehr. In Gedanken war sie bereits bei ihrer Einkaufsliste und dem straffen Zeitplan für die Organisation der bevorstehenden Geburtstagsfeier.

Impulsiv wählte sie den kürzesten Weg über die Autobahn in die nur 20 km entfernte Stadt, in der ihre Mutter wohnte und mit der sie sich noch schnell auf den Treffpunkt samt Uhrzeit geeinigt hatte. Der Abendverkehr hatte noch nicht ganz eingesetzt, aber der Sturm sowie die Regenschauer waren stärker geworden. Die Wischerblätter waren bereits auf die höchste Stufe eingestellt, dennoch taten die Regenspritzer der vorderen Autos ihr übriges, um die Scheibenwischer auf Trab zu halten.

Svenja hielt sich hinter einem Pkw, um sich das mühsame Schauen etwas zu erleichtern und konzentrierte sich auf die Rücklichter, während im Fond der Streit um den jeweiligen

Kindergartenrucksack entbrannte. Leander hatte sich offenbar Laurenz' Rucksack geangelt und dessen Lieblingspinguin sowie Laurenz' grünen Gummiball herausgefischt, ebenso wie die Jausenbox, in der zu Laurenz' Unmut auch noch das ganze Jausenbrot inklusive Schinken lag, das sich Laurenz extra für Notzeiten aufgehoben hatte.

„Gib SOFORT meinen Pinguin, die Jausenbox und meinen Gummiball her!!!", schrie Laurenz aufgebracht.

„Nein, das gehört jetzt mir", teilte Leander süffisant seinem Bruder mit, woraufhin dieser umso lauter nach seinem Pinguin, dem Gummiball sowie nach seiner Jausenbox brüllte.

Entnervt schrie Svenja nach hinten: „Ruhe jetzt! Hört diese Streiterei auf!!" und entriss Leander den Pinguin, renkte sich fast den rechten Arm aus, indem sie den Pinguin hinter sich Laurenz entgegenstreckte.

Der PKW war aber bereits von der Autobahn abgefahren, sodass sie sich hinter einem großen Lastwagen erst wieder mühsam auf die Straße konzentrieren musste. Die Spritzer des Lastwagens waren aber so enorm, dass sie sich zu einem Überholmanöver entschloss. Dennoch schoss ihr auch noch der Gedanke an ihre sicher bereits im strömenden Regen wartende Mutter ein. „Ich muss mich beeilen, die Arme wird sonst patschnass!", dachte sie und setzte den linken Blinker zum Überholen.

„Aber er hat immer noch meine Jausenbox!", monierte Laurenz und schrie weiter: „Mama! Mama! Mama! Sag ihm, er soll mir die Box geben, ich hab' Hunger! Mama, hörst du! Mama, Hörst du, sag ihm ich will meine Box wiederhaben!!!!"

Meine Güte! Die Mama kann nicht mal Auto fahren und dabei meinem Bruder sagen, dass er mir die Jausenbox wieder geben soll. Zuerst labert sie einen sofort voll, nachdem sie uns nach einigen Stunden wieder sieht, und will nur, dass wir uns beeilen sollten, anstatt sich unsere Erlebnisberichte in Ruhe anzuhören, dann jammert sie weiter, dass die Oma warten würde und sie noch so viel zu erledigen hätte. Was hat die Gute denn den ganzen lieben langen Tag gemacht, während wir uns im Kindergarten abgerackert und extra für sie ganz tolle Zeichnungen angefertigt haben? Sie hätte doch bitte vorher alles einkaufen und erledigen können. Wozu benötigt sie denn da schon wieder unsere Hilfe. Mich würde interessieren, was sie ohne uns gemacht hat, als wir noch nicht auf der Welt waren. Da hat sie ja wohl auch alles alleine erledigen können ohne ständig auf brave Kinder zu hoffen, die sie zu allem und jedem begleiten müssen. Mama muss fürchterlich ängstlich nach unserer Geburt geworden sein, schließlich zerrt sie uns überall hin mit.

Svenja schrie noch einmal nach hinten: „Ruhe, verdammt nochmal!", und drehte sich kurz zu Leander um.

Ein verhängnisvoller Fehler, denn in diesen kurzen zwei Sekunden scherte der Lastwagen etwas nach links auf die Überholspur aus, weil er seinerseits einem Wagen ausweichen wollte, der sich bei der Autobahnauffahrt plötzlich auf seine Spur gedrängt hatte. Als Svenja dies bemerkte, trat sie kurzerhand in die Bremse, was allerdings während des strömenden Regens für die Reifen eine zu starke Belastungsprobe darstellte, und so verriss sie den Wagen, der sich mehrmals um seine Achse drehte, ehe er in die Leitplanken krachte....

„Leander, wo bist du??", fragte zögernd Laurenz.

„Hier bin ich, ich sehe dich gar nicht", erwiderte Leander.

„Ah, da bist du ja, ich sehe dich jetzt. Du liegst neben mir. Aber was machen diese grünen Menschen da schon wieder?", fragte Laurenz.

„Ich weiß es nicht. Die sehen aber komisch aus. Was machen sie da? Und wo ist denn die Mama? Mama!! MAAAAAAMMMAAAAA!!!!!"

„Die Mama sehe ich gar nicht. Bloß die vielen grünen Menschen. Schau mal, Leander, ich kann fliegen!"

„Laurenz, ich kann auch fliegen!"

„Sieh doch, Leander, wir fliegen beide. Und da unten liegen noch einmal du und ich. Das ist aber lustig! Schau, da drüben fliegt auch die Mama. MAAAAMAAA, da sind wir!!!! Huuuhuu!!!"

Alle drei erhoben sich aus ihren Betten und schwebten immer höher. Erst zum Plafond der 2 Operationssäle, wo sich ein mehrköpfiges Ärzteteam um die drei Schwerverletzten kümmerte, schließlich schwebten sie immer höher, bis sie ihre eigentlichen Körper nicht mehr sehen konnten. Ein Tunnel machte sich vor ihren Augen auf, durch den sie einen kleinen Lichtschimmer durchdringen sahen, der immer heller schien, je weiter sie in den Tunnel vordrangen.

„Mama, schau mal, das Licht!", rief Laurenz freudig aus.

Lauter immer wieder in sich brechende kleine Lichtstrahlen, in den schönsten Regenbogenfarben tanzten vor ihren Augen herum. Svenja glaubte fast, sie wäre in einer Diskothek aus ihrer Jugend gelandet, so sehr erinnerte sie dieses Farbenspiel an die dort sich um die eigene Achse ständig drehenden Glitzerkugeln. Je weiter sie allerdings in den Tunnel vordrangen, desto heller, weißer und gebündelter erschienen die Lichtstrahlen und schenkten ihnen eine wohlige Wärme, die nicht unangenehm heiß war, sondern zum Sich-hineinfallen-Lassen einlud. Wären Laurenz und Leander mit ihrer Mama in eine Decke gehüllt und mit 20 Stück prall mit heißem Wasser gefüllten Snoopy-Wärmflaschen aneinander geschmiegt gewesen, hätten sie sich nicht wohler fühlen können.

Und wir können immer noch fliegen!", schwärmte Leander.

„Ich weiß, meine Engel, aber wir gehen mal dem Licht lieber zu Fuß entgegen, das ist sicherer, und dann sehen wir weiter. Es ist so warm hier, spürt ihr das? So schön hell und warm. Kommt, meine Mäuse, gehen wir noch ein Stück!", redete Svenja auf ihre beiden Kinder ein und nahm sie zärtlich an der Hand.

Leander hatte immer noch Laurenz' grünen Gummiball in der Hand, Laurenz wiederum seinen Pinguin, dem er den Spitznamen „Dickbauch" gegeben hatte, weil sein Bauch mit einem Kirschkernkissen gefüllt war. Leander ließ den Gummiball kurz hüpfen, riss sich von der Mutter los und rannte hinterher, weil dieser immer schneller und schneller davon hüpfte. Offenbar ging es ein kleines bisschen bergab.

„Mein Gummiball!", schrie Leander aufgeregt und lief hinter dem immer schneller hüpfenden Gummiball her.

„Leander, warte!", schrien Laurenz und die Mama unisono, aber Leander rannte weiter.

So blieb auch den beiden anderen nichts anderes übrig, als hinterher zu laufen.

Leanders Gummiball, der ja eigentlich Laurenz' Gummiball war, hüpfte immer weiter in die Richtung einer kleinen Abzweigung, die man mit freiem Auge zu sehen war, denn eigentlich sollte sich alles auf den Weg Richtung Licht konzentrieren, aber da es bei dieser kleinen Abzweigung gleich etwas steiler bergab ging, hüpfte der Gummiball immer weiter diese kleine Schleuse hinunter. Da Leander nicht willens war, seinen Gummiball kampflos aufzugeben und er nun auch zu rutschen anfing, setzte er sich auf seinen Hosenboden und rutschte wie früher bei der großen Rutsche auf dem Spielplatz die Röhre hinunter, während er wie sonst auch „sieben, acht, neun, ZEEEEEEEEHN" schrie.

Mama schnappte im Laufen ihren Laurenz und rutschte Leander hinterher, immerfort nach ihm rufend.

Nach einigen, schier endlosen Rutschsekunden plumpste Leander in einen weichen Heuhaufen, etwa 5 Meter neben einem Pferd, das sich gleich vor lauter Schreck aufbäumte, daraufhin wild seinen auf ihm sitzenden Reiter, einen richtigen Koloss, abwarf und aus dem Stall davonlief, eine Staubwolke hinterlassend.

Kurz darauf rutschte seine Mama ebenfalls herunter, durch ihre Drehung während des Rutschens um die eigene Achse und den Schwung, den sie nahm, um nicht auf ihren Sohn zu plumpsen, prallte sie genau neben dem Heuhaufen hart und mit einem lauten Aufschrei auf dem Boden auf, wobei sie sich ihr rechtes Knie ziemlich verletzt hatte.

Ziemlich verdutzt schauten sich unsere drei Helden den Mann an, der da vor ihnen ebenfalls auf dem Boden lag, etwas genauer an.

„Mama, der Mann schaut aber komisch aus. Was hat der denn für ein eigenartiges Gewand an? Der dicke Mann hat ja nur eine Strumpfhose und eine komische kastenartige Weste an, dafür hat er auf dem Kopf einen ganz ulkigen Hut auf!", meinte Laurenz, während sich Leander gleich auf die Suche nach seinem Gummiball machte, den er glücklicherweise schnell wiederfand und rasch in seine Hosentasche schob. Schließlich hatte er einen enormen Aufwand wegen des Gummiballs gehabt, da musste er ihn sorgsam hüten.

„What the hell are you doing here!", schrie der Mann die drei an, während er mühsam seine gut 150 kg Gewicht in die Höhe zu stemmen versuchte.

"Ihr habt recht, der Mann sieht wirklich eigenartig aus", stöhnte Svenja, während sie sich zu ebenfalls zu erheben versuchte, und dachte bei sich, dass er einerseits verblüffende Ähnlichkeit mit Heinrich dem Achten aus ihren Geschichtsbüchern hatte und außerdem ein ziemlicher olfaktorischer Super-GAU zu ihr herüber wehte, als sich der monströse Koloss, fast breiter als hoch, vom Boden erhob.

„Englisch spricht er auch noch", dachte sich Svenja und fragte daher: „Who are YOU???"

„I am Henry the 8th!!!!", erwiderte dieser daraufhin leicht indigniert und zog dabei entsetzt darüber, dass ihn diese Unperson nicht zu kennen schien, die Augenbrauen in die Höhe.

„Welch Bauerntrampel samt ihrer Brut und dann noch dazu eine Deutsch sprechende Person", dachte sich Heinrich der Achte und rappelte sich auf, da sein Pferd ja vorerst einmal das Weite gesucht hatte. Ohne Pferd wollte er sich den weiten Weg zum Turnier, wo er eigentlich hinwollte, dann doch ersparen.

„Tatsächlich!?? Nein, das kann doch nicht sein! Sie wollen mich wohl auf den Arm nehmen!"

„Wieso zweifelt Ihr daran?"

„Mein Gott, Heinrich der Achte. Der ist doch schon mehr als vier, fast fünf Jahrhunderte tot."

„Natürlich bin ich tot, Allerwerteste! Aber das sind Sie drei ja schließlich auch! Zudem möchte ich Sie bitten, in meiner Gegenwart das Fluchen zu unterlassen."

„Wer tot? WIR????? Wir sind doch nicht tot. Das gibt es gar nicht", meinte Svenja nun aber doch etwas überrascht. „Und wieso das Fluchen? Ich habe doch gar nicht geflucht!"

„Gnädigste, wir sind hier in der HÖLLE!!! Hier sind AAALLLLLLEEEE tot! Damit müssen Sie sich endlich abfinden! Zudem haben Sie sehr wohl geflucht. Das Wort mit dem IGITTIGITT-GOTT haben Sie in den Mund genommen! Dieses Unwort dürfen Sie hier nicht verwenden, wenn Sie nicht auf der Stelle bestraft werden wollen. Und außerdem: Welches Jahr haben wir denn, dass Sie so überrascht sind, mich hier zu sehen?"

„Wir haben das Jahr 2011."

„Das überrascht mich wiederum jetzt. Aber mir kann es egal sein, welches Jahr wir haben, ich werde hier ja noch ewig sein. Also, was soll's."

„Mama, was ist ein Heinrich der Achte?", fragte Leander etwas kleinlaut, denn der Mann schüchterte ihn etwas ein.

„Das war einmal ein sehr berühmter Mann, ein König, von dem habe ich mir mit Papa in einem Schloss, das man Tower of London nennt, einige Ritterrüstungen angesehen. Dabei fiel ihr die ulkige Ritterrüstung von diesem Henry the 8th, Henry Tudor genannt, wieder ein, vor der alle Leute hinter vorgehaltener Hand oder auch ganz offen zu lachen begannen. Diese Rüstung hatte nämlich einen eigenen Blech-Schutzteil für das offenbar ebenso monströse Gemächt des Königs. Sie hatte sich damals gefragt, ob dieses groß ausgefallene Schutzteil aufgrund der tatsächlichen Größe des Geschlechtsteils so gefertigt worden war oder ob es das Wunschdenken des Besitzers dieser Rüstung gewesen sein mochte. Allein die Ausdünstung dieses Kolosses konnte sie kaum in Einklang mit seinem Ruf als Frauenheld bringen.

„Ein echter König war das? Wo ist denn seine Krone? Und wo ist die Königin?", wollte Laurenz etwas genauer wissen.

„Ja, das ist aber lange her. Und die Königin lebt sicher auch nicht mehr", erzählte Svenja, eingedenk der Tatsache, dass sich dieser feine König alleine von zwei seiner Frauen mittels Enthauptung entledigt hatte und verschwieg kurzerhand die genaue Anzahl seiner Ehefrauen.

„Wenn Sie sich von Ihrer Überraschung erholt haben, könnten Sie mir vielleicht aufhelfen", meinte Svenja schnippisch, nicht minder überrascht über die Andeutung dieses Kolosses. Schließlich musste sie erst mal verdauen, dass sie und ihre Kinder bereits tot und dazu noch in der Hölle gelandet sein sollten. Zudem begegnet man auch nicht jeden Tag einem Menschen, der vor gut 465 Jahren gelebt hatte.

Heinrich der Achte entsann sich seiner früheren Vorliebe für Frauen und half Svenja, zwar etwas widerwillig, aber dennoch kräftig auf. „Eigentümlich ist ja die Tatsache, dass Sie sich hier verletzt haben sollen. Wir verletzen uns eigentlich nicht richtig. Wir können nämlich theoretisch zwar täglich getötet werden und auch die Schmerzen des Sterbens spüren, aber am darauffolgenden Morgen ist wieder alles wie vorher. Ein gebrochenes oder schmerzendes Knie habe ich, seit ich hier bin, noch nie gesehen. Ich denke, das sollte sich unser Chef hier anschauen." Zweifelnd wackelte er seinen Kopf samt Hut hin und her, aber dennoch fasste er Svenja kräftig unter die Arme und stützte sie beim Gehen, während die Kinder ihnen hinterher trotteten.

Alle vier gingen durch eine abseits gelegene Stalltüre und nur wenige Meter, nachdem sie einen dunklen Gang hinter sich gelassen hatten, öffnete Heinrich der Achte mit seinem Ellbogen eine große, schwere, mit einer geöffneten Motorhaube als Türklingel versehene Holztür und betrat das menschenleere Zimmer mit den drei Neuankömmlingen. Was alle drei, vor allem die Jungs, noch nicht entdeckt hatten, war die Tatsache, dass die Motorhaube einem roten Ferrari gehörte, der sie immer klappern und bei Betätigung der Klingel den Motor aufheulen ließ.

Die Klingel war ob ihrer einzigartigen Lautstärke selten in Verwendung. Der Ferrari hatte zudem ein leicht ambivalentes Verhalten. Mal freute er sich auf Besuch und ließ die Motorhaube klappern und den Motor aufheulen, mal verzog er sich beim

Anblick ungeliebter Besucher in die Tür zurück und schmollte. Nur einen kleinen Rauch ließ er immer nach erfolgtem Einlass mit einem leisen „Pffff" ausstoßen. Den Kindern schickte er ein sanftes, motorisches „Bbbbbbbb" hinterher.

Svenja bettete er auf das dunkelbraune Ledersofa, legte ihr sanft eine Decke über die Beine und setzte die Zwillinge auf die beiden lederbezogenen thronartigen Stühle, die vor einem großen, ebenfalls schwer anmutenden Glastisch mit zahlreichen mit Intarsien verzierten Ebenholzbeinen.

„Ich hole nur schnell unseren Chef, der kann der gnädigen Frau alles besser erklären als ich", meinte er und verschwand so behände und blitzschnell, was man bei seiner Statur niemals annehmen würde.

„Mama, ich fürchte mich", meinte Laurenz, kletterte von dem Stuhl und legte sich lieber neben seine Mama, immer darauf achtend, ihr nicht wehzutun. Woraufhin natürlich auch Leander vom Stuhl rutschte und sich ebenfalls aufs Sofa neben die beiden drängte.

Es vergingen einige Minuten, in denen sich Svenja und die Zwillinge etwas von ihren letzten Erlebnissen erholen wollten und schauten sich einmal in dem offensichtlich als Büro benützten Zimmer um. Riesige, mit gläsernen Schubladen ausgestattete Kästen standen auf der dem Sofa gegenüberliegenden Wand, ebenso hohe, aber nur mit diesem edlen Ebenholz seitlich verzierten Schränke standen hinter dem mächtigen Schreibtisch, auf dem einige Schalter eingearbeitet waren, die zu bedienen sich keiner der drei getraut hätte. Die etwas spärliche Beleuchtung und die relativ niedrige Raumtemperatur ließen kein extra heimeliges Gefühl aufkommen, zumal eigentlich alles an die Atmosphäre einer gotischen Kirche erinnerte, was aber wiederum eigenartig war, wenn man in Betracht zog, dass dieser Mann, der behauptete, sie alle wären in der Hölle, recht haben könnte.

Während alle etwas in Gedanken versunken waren, ging die Tür auf und herein kam...

Unterdessen im Himmel...

Erzengel Gabriel fuchtelte wie wild herum und schrie sich fast die „Seele" aus dem Leib: „Halt! Umkehren! Nicht dort entlang laufen! HAAAAAAAAAAAAAAAAAAAALT!" Als aber alle Rufe und seine hektischen Winkversuche erfolglos geblieben waren, sprang er, den Shuttlebusfahrer, der bereits auf die Ankunft weiterer Fahrgäste wartete, links liegen lassend, auf seine lilafarbene Vespa und fuhr mit einem Affenzahn in Richtung Hauptpforte. Im Himmel sind glücklicherweise die Wege von den Nebenpforten nicht ganz so weit entfernt. Die restlichen paar Meter rannte er.. Daher war er schrecklich außer Puste, schließlich waren ihm die zwei Kinder des Teufels und deren Mutter abhanden gekommen, und das hatte er erst einmal vor Petrus zu rechtfertigen.

„Petrus! Petrus!", schrie er schon von weitem.

Petrus drehte sich gemächlich zu Gabriel um und blickte ihn fragend an: „Was ist denn passiert, dass du so schreist?"

„Petrus!" „Japs!" „Petrus!" „Schnauf!" „Ich habe ihnen eh hinterher gerufen und gewunken, aber...

„Was stammelst du denn da? Beruhige dich erst mal", legte Petrus seinen Arm beruhigend auf Gabriels Schulter.

Gabriel, noch immer nach Luft schnappend, keuchte: „Die Zwillinge Sunatas, ich habe die Zwillinge des Teufels verloren. Laurenz und Leander sind mit ihrer Mutter plangemäß dem Licht gefolgt, aber dann hat plötzlich eines der beiden Kinder, welches genau, habe ich nicht gesehen, einen Ball verloren, dem es nachgelaufen ist. Die anderen zwei sind hinter dem einen Kind nachgelaufen, und plötzlich waren alle drei verschwunden. Niemand mehr da, nichts zu sehen. Ich habe gerufen und gerufen, aber sie blieben verschwunden!!!" Während er berichtete, rannen ihm vor lauter Scham und Schuldgefühlen die Tränen über die Wangen. „Du weißt ja, wie heikel Kindertransporte sind und welch Aufsehen verschwundene Kinder bei Gott auslösen. Was soll ich denn nun machen?", jammerte Gabriel immer lauter.

Petrus war bei dem Bericht von Gabriel erstarrt und ziemlich blass geworden, schließlich oblag ihm die sichere Einweisung von

Kindern in letzter Instanz.

„Das kann nur bedeuten, dass die Kinder und die Mutter in eine kleine Schleuse Richtung Hölle geraten sind. Bei der guten Beleuchtung dürfte das zwar normalerweise nicht passieren, denn ich nehme an, du hast das Licht voll aufgedreht, aber unmöglich ist dieses Versehen der Neuankömmlinge auch wieder nicht." Hilflos griff er sich an den Kopf, den er dabei heftig schüttelte. „Aber da hilft alles nichts. Wir müssen zu Gott und ihm Bericht erstatten. Geh du einstweilen wieder zurück zu deiner Pforte, ich rede mit ihm", beruhigte er Gabriel und machte sich auf den Weg zu Gott, der nur einen Steinwurf von der Hauptpforte auf seinem Sofa ein „Powernäppchen" von gut zehn Minuten eingelegt hatte.

Petrus näherte sich leise und stupste Gott sanft auf die Schulter, der auf diesen „Angriff" hin sofort die Augen öffnete und Petrus ernst anblickte.

„Welche üblen Neuigkeiten hast du denn?", ahnte er es bereits bei Petrus' Gesichtsausdruck.

„Die Zwillinge Laurenz und Leander Sunatas sind gemeinsam mit ihrer Mutter nicht bei Gabriel angelangt, sondern durch irgendein Versehen mit ziemlicher Wahrscheinlichkeit in eine der Schleusen zur Hölle geraten", berichtete Petrus und wartete auf die Reaktion Gottes.

„Gabriel hat wohl zu wenig Licht gemacht?", fragte Gott, die linke Augenbraue hochziehend.

„Ich glaube nicht, dass es Gabriels Schuld ist, er meinte, dass eines der Kinder hinter einem Ball hergelaufen sei."

„Diese verflixten Bälle schon wieder! Die gehören meiner Ansicht nach verboten. Immer wieder kommt es bei den Kindertransporten mit Bällen zu Unfällen!!", ärgerte sich Gott.

„Nun, ich denke, da muss ich Rufus sofort kontaktieren. Jetzt hat es schon einige Zeit keine Zwischenfälle mehr gegeben, darum haben wir uns auch schon eine Weile nicht mehr gehört. Und unser jährliches Golfspiel wäre auch schon fällig. Außerdem weiß er sicher bereits von der widerrechtlichen Ankunft der beiden Kinder bei ihm. Hoffentlich macht er keine Mätzchen, auch wenn es seine Kinder sind", sinnierte Gott, erhob sich und ging zum Telefon, um Rufus anzurufen. „Er soll die Kinder in den Aufzug bringen und heraufschicken, das kann ja keine Hexerei sein."

…"Rufus!?!?!?!?" Svenjas Stimme kippte wieder einmal bedenklich.

„Papa!", riefen Laurenz und Leander fast unisono und liefen ihrem Papa freudestrahlend in die Arme, die der arg verdutzt dreinblickende Rufus aber doch ausgebreitet hatte, sobald er seine Zwillinge auf ihn zulaufen sah.

„Was machst du denn da?", fragte, immer noch liegend, Svenja ihren in der offenen Tür wie angewurzelt stehengebliebenen Mann.

„Was macht IHR DREI denn da, könnte ich genauso mal dich fragen!", erwiderte Rufus auf diese vorwurfsvolle Frage seiner Frau nun seinerseits ziemlich ungehalten und wenig erfreut.

„Wir hatten, glaube ich, einen Autounfall", versuchte sie sich zu erinnern.

„Papa, wir sind geflogen! Alle drei sind wir in die Luft geflogen!", berichtete aufgeregt Laurenz seinem Vater.

„Wir sind auf einer Rutsche gerutscht. Das war lustig! Aber Mama hat sich das Knie gebrochen", erzählte Leander weiter.

„Welche Rutsche denn? Und wieso seid ihr geflogen? Was erzählt ihr zwei denn da?"

„Ich weiß es auch nicht genau, aber wir drei sind wirklich geflogen. Aber dann war da dieser Tunnel mit dem warmen, hellen Licht, das immer wärmer und schöner zu leuchten begonnen hat. Aber Leander ist seinem Gummiball nachgelaufen, da sind wir ihm hinterhergerannt und plötzlich ging es bergab und wir mussten rutschen. Nach dem Aufprall sind wir diesem Irren begegnet, der lauter Schwachsinn behauptet hat. Er faselte etwas davon, dass er Heinrich der Achte wäre und wir wären tot und in der Hölle gelandet." Svenja musste bei ihrem hektischen Bericht selbst leicht schmunzeln, bis sie in das ernst dreinblickende Gesicht ihres Mannes schaute und ihr Lächeln dabei erstarb.

Rufus löste seine Erstarrung und ging nun seinerseits langsam zu seinem Schreibtisch, setzte die Zwillinge vorher auf die beiden Stühle davor und setzte sich schließlich selbst, den Blick Svenja zuwendend.

„Das war tatsächlich Heinrich der Achte. Es ist wahr. Ihr seid hier in der Hölle."

„Das kann ja nur ein Scherz von dir sein?!!!! Und du bist dann wohl der Teufel, oder wie?", klang Svenja wieder fast hysterisch.

„Das ist kein Scherz. Ich scherze nie, na ja, fast nie. Ich bin der Teufel. Zumindest einer davon, schließlich habe ich ein paar Brüder und Schwestern. Aber ich leite seit einigen Jahren die Hölle samt Hell City."

„Hell City??? Was ist das denn schon wieder? Das wird ja immer schöner!!!"

„Hell City wirst du schon noch kennenlernen, aber zuerst einmal muss ich klären, warum die Kinder hier sind. Kinder in diesem Alter haben in der Hölle nichts verloren. Das Ganze muss irgendein Missverständnis sein, das ich noch klären muss", meinte Rufus.

„Alles klar. Du musst das klären, du bist ja schließlich der Teufel und der Chef hier", sagte Svenja nun ziemlich gereizt und süffisant.

„Du glaubst mir wohl nicht."

„Natürlich nicht. Was soll auch der Blödsinn mit Hölle und Teufel, Hell City etc. Als nächstes erzählst du mir noch, dass Deine Mutter, an deren Busen du sonst auch immer hängst, hier auch noch als des Teufels Mutter aktiv ist."

„Die Papa-Oma ist auch da?", fragte Leander entsetzt. „Ich mag die Papa-Oma aber nicht", fügte er ängstlich hinzu.

„Ich schon", meinte wiederum Laurenz.

„Ich schon!! Natürlich, du magst ja alle", äffte Leander seinen Bruder nach und riss Laurenz den Pinguin aus der Hand, an den er sich nun ängstlich anklammerte. Laurenz ließ sich diesen aber auf keinen Fall wegnehmen und schrie: „Gib sofort meinen Dickbauch wieder her!" und stürzte sich auf seinen Bruder auf den anderen Stuhl.

„Nein!"

„Doch!"

„Nein!"

„Hört bitte wenigstens hier auf zu streiten", bat ihre Mutter müde.

„Kannst du deine geräuschinkontinenten Kinder nicht im Zaum halten?", fasste sich Rufus genervt an den Kopf.

„Wie bitte?"

„Ich meine, dass sie ständig zu laut sind. Stell' sie ruhig!", befahl er.

„Danke, ich weiß, was du mit geräuschinkontinent meinst. Ich wollte wissen, was in diesem Zusammenhang „DEINE" bedeuten soll!", regte sie sich erneut auf. „Das sind, bitteschön, auch DEINE Kinder, nicht nur meine, auch wenn man das glauben könnte, so, wie du dich bisher ihnen gegenüber verhalten hast. Aber jetzt will ich erst einmal wissen, ob diese Hexe auch hier ist!"

„Meine Mutter ist natürlich auch da. Schließlich ist sie die Mutter aller meiner Brüder und Schwestern", erklärte Rufus. „Hast du dich denn etwa nie über unseren Nachnamen gewundert oder über mein Aussehen?", fragte Rufus seine Frau.

„Lasst die Streiterei und seid still! Eure Mutter und ich unterhalten uns!", fuhr Rufus gleich noch seine Söhne an.

„Oh Gott!! Deine Mutter!!!!!! Bitte nicht auch noch hier!!! Sag' bitte, dass das nicht wahr ist", flehte Svenja verzweifelt und dachte aber bereits weiter über Rufus' andere Fragen nach. „Schon irgendwie, Sunatas ist ja nicht gerade ein gängiger Name hier ", meinte Svenja nachdenklich.

„Sunatas ist einfach Satanus rückwärts geschrieben. Es ist doch eigentlich soooo einfach zu verstehen. Satanus ist der lateinische Namen des Satans. Selbst ein normal gebildeter Mensch könnte darauf kommen!"

„Das weiß ich selbst, was Satanus heißt, aber ich habe den Namen halt nie rückwärts geschrieben", rechtfertigte sich Rufus' Frau. „Welcher normale Mensch würde denn auch an so etwas denken? Was soll eigentlich der ganze Blödsinn" meinte immer noch zweifelnd seine Frau.

„Svenja, bitte! Ich versuche es dir bloß zu erklären. Schließlich seid ihr hier gelandet. Warum auch immer dieser Fehler passiert ist."

Nun wurde der Teufel etwas ungeduldig mit seiner

begriffsstutzigen Frau. „Denk doch mal nach und sieh mich an!", bat er.

„Du hast rote Haare und einen rötlichen Bart. Und du bist unter anderem Primar der Plastischen Chirurgie. Na und?"

„Rufus!" Der Name sagt eh schon alles über meine Haar- und Bartpracht aus. Und warum bin ich wohl Primar der Plastischen Chirurgie und selbständiger Schönheitschirurg, denkst du? Es gibt schließlich keine dankbareren Opfer als jene, die um ewige Schönheit und Jugend rittern. Diese verzweifelt jünger oder nach einem Unfall wieder normal aussehen wollenden Menschen sind arm. Sie drängen mir ihre Seele für hier ein Fältchen weniger oder da ein strafferes Brüstchen oder für ihre Wiederherstellung geradezu auf! Für mich gibt es fast keine leichtere Aufgabe, solche Seelen zu lukrieren, die auf ein normales oder schöneres Aussehen fixiert sind! Glaubst Du etwa, auf der Onkologie hätte ich es ähnlich leicht? Im Gegenteil Da werden die Menschen nämlich plötzlich gläubiger als in ihrem Leben jemals zuvor", erklärte ihr der Teufel mit stoischer Ruhe. „Schau dich doch mal um hier", forderte er seine Frau auf. „Hier sind die Schränke voll mit Seelen, die ich und meine Geschwister, mal mit mehr, mal mit weniger Erfolg, überall auf der Welt sammeln. Was meinst du, wie viele dieser Seelen ich noch in den anderen Büroräumen zuhauf gesammelt habe?"

„Was hat deine Mutter mit dem Ganzen eigentlich zu tun?", wollte Svenja noch wissen, obwohl ihr der Kopf mit den ganzen neuen Informationen schon zu bersten schien.

„Meine Mutter ist natürlich die Ober-Teufelin. Aber sie lukriert eigentlich keine Seelen, das machen meine Geschwister, und die Verwaltung der Hölle und Hell City hat sie mir überlassen. Genau genommen ist sie nur für die Zucht von uns Kindern zuständig. Böse Zungen behaupteten mal, zu etwas anderem sei sie nicht zu gebrauchen, aber diese Leute hat sie einfach aufgefressen", schmunzelt er über seine Erzählung. „Sie überwacht lediglich unsere Kindheit bis zum 14. Lebensjahr, danach, manchmal auch davor, wird unser Erzeuger entsorgt, weil er nicht mehr benötigt wird, denn ab dem 14. Lebensjahr gehören wir, wenn alles nach ihren Plänen geklappt hat, ganz ihr und ihren Zwecken. Ansonsten ist sie für die Beschaffung frischen Männerblutes zuständig, weil sie ständig heiß ist, wenn du verstehst, was ich meine", berichtete Rufus weiter mit einem neckischen Augenzwinkern.

„Welches Blut mag die Papa-Oma? Was macht die Oma?", fragten die Zwillinge ihren Vater aufgeregt. Schließlich erfährt man ja nicht alle Tage solche seltsamen Dinge, die der Papa hier zum Besten gab. Sie verstanden zwar fast gar nichts davon, aber neugierig waren sie allemal, mehr zu erfahren.

„Papperlapapp! Seid still und spielt ein wenig!"

„Ja, aber Papa, da ist gar nichts!", erwiderte Leander enttäuscht.

„Setzt euch hier auf meinen Platz und spielt ein wenig auf dem Computer."

„Welcher Computer denn? Hier ist doch nichts."

„Dieser hier", antwortete er und drückte auf einen Knopf auf dem Schreibtisch, woraufhin ein Bildschirm samt Tastatur direkt aus der Tischplatte fuhr, schaltete das Gerät ein bzw. auf einige kindgerechte Spiele.

„Hiermit kann nichts passieren, meine Dateien sind geschützt", stellte er nach einem fragenden Seitenblick seiner Frau fest. „Das funktioniert hier anders als bei uns zu Hause. Merkt euch gleich, hier ist alles anders."

„So, jetzt werden wir die Kinder wieder nach oben verfrachten. Sie werden sicher schon erwartet. Ich würde sonst ziemliche Schwierigkeiten bekommen. Du kennst Gott nicht, der kann, was „seine" Kinder unter 14 Jahren anbelangt, ziemlich ungemütlich werden. Du bleibst allerdings hier", forderte er seine Frau auf.

„Das werde ich sicher nicht! Ich werde die Kinder nicht alleine lassen. Was denkst du dir eigentlich? Bist du völlig verrückt?", schnaubte Svenja und bekam dabei ihrerseits ziemlich rot gefärbte Wangen.

„Bei den Kindern habe ich keine Handhabe, aber deine Seele gehört mir, dass du es genau weißt."

„Wann, bitte sehr, hätte ich dir denn meine Seele verkauft? Tickst du noch richtig?"

„Du weißt es vielleicht nicht mehr, aber als du dir Kinder gewünscht hast, hast du gesagt, du würdest alles dafür tun. Dein Wunsch war mir Befehl. Falls du dich an die Nacht erinnern kannst, in der wir sie gezeugt haben, hast du..."

„Sei still! Halt gefälligst den Mund vor den Kindern!", ärgerte sich

Svenja, überlegte kurz und meinte dann: „DABEI soll ich dir meine Seele abgetreten haben? Du bist ja noch verrückter, als ich dachte. Du wirst meine Seele nicht bekommen. Und damit basta!!"

„Das werden wir tatsächlich noch sehen, meine Liebe, denn sie befindet sich hier unter all den anderen Seelen, und zwar gut eingesperrt", und winkte mit seinem Arm großzügig herum, auf nichts Besonderes hinweisend.

„Mach' was du willst, ich gehe jetzt mit den Kindern", insistierte Svenja und versuchte, sich langsam vom Sofa zu erheben, ließ sich aber mit einem spitzen Schrei wieder fallen.

„Mich würde interessieren, welches Wehwehchen dich hier schon wieder plagt", schnappte Rufus sie an. „Hier hat schließlich niemand ein Zipperlein."

„Danke, das habe ich bereits von deinem Adlatus Henry gehört. Was heißt hier Zipperlein? Ich muss mir den Fuß gebrochen haben! Nur das Sterben würdet ihr hier täglich spüren können, meinte er. Was soll überhaupt wieder dieser Blödsinn?"

Rufus erhob sich, ging zu seiner Frau und tastete und drehte an ihrem Knie herum, was sie mit zusammengebissenen Lippen auf sich nahm. „Erstens dürftest du dir endlich einmal merken, dass das „Bein" und in deinem Fall „Knie" heißen müsste und nicht Fuß und zweitens passiert dieses tägliche Sterben nur in Hell City. Das wirst du schon noch beizeiten sehen, denn du verlässt die Hölle sicher nicht. Warte erst nur, wenn Mutter dich hier findet..."

„Deine Mutter kann mich mal kreuzweise!"

„Ich würde an deiner Stelle etwas vorsichtiger sein. Hier unten hat sie sicher weniger Hemmungen als bei uns zu Hause. Dort habe schließlich ich immer für deine Sicherheit gesorgt."

„Sicherheit?? Dass ich nicht lache. Diese Hexe hat mich doch eh bei jeder nur erdenklichen Gelegenheit zu beleidigen und zu quälen versucht. Die meiste Zeit bin ich ihr bereits aus dem Weg gegangen", entfuhr es Rufus' Frau.

„Du hast ja wirklich keine Ahnung. Das war alles harmlos gegen das, wie sie wirklich sein KANN. So, ich werde dich jetzt bis zum Aufzug stützen. Du kannst meinetwegen dann mit den Kindern hinauffahren, sie dort abliefern, aber danach kommst du wieder. Dein Gott und ich haben da genaue Abmachungen. Er wird dich wieder zu mir zurückschicken", erklärte Rufus, nahm seine Frau unter die Arme und bedeutete den Kindern, ihnen zu folgen.

Langsam trotteten die Kinder hinter den Eltern her und waren vor lauter Staunen über die letzten Erlebnisse ungewöhnlich still geworden. Vor allem beschäftigte sie die Tatsache, dass sie, laut Androhung ihres Vaters, ohne ihre Mutter irgendwo hingeschickt werden sollten und dort ganz alleine wären, weshalb sich ihre Stille leicht erklären ließ.

Als sie nach einigen Metern vor einem von zwei gegenüberliegenden großen gläsernen Aufzug stehen blieben, durch den man nach oben hin endlos weit schauen konnte, waren Laurenz und Leander aber doch ziemlich neugierig, wohin die Reise gehen würde. Dennoch ängstlich klammerten sie sich an die Hand ihrer Mutter an, während ihr Vater die beiden die Lifttür öffnen ließ. Rufus begleitete alle drei noch hinein, gab ihnen allen einen Abschiedskuss, den nur seine Frau widerwillig zuließ, umarmte rasch seine Söhne, betätigte den Liftknopf und stieg noch schnell aus. Rufus winkte seiner Familie von außen zu und wartete darauf, dass der Lift nach oben schoss.

Es tat sich nichts, außer dass die Tür zugegangen war. Der Aufzug blieb starr wie die Miene von Svenja und bewegte sich keinen Millimeter von der Stelle. Im Gegenteil, nach einigem Herumdrücken aller Beteiligten öffnete sich die Aufzugtür von selbst und ließ sich danach nicht wieder schließen. Nach einigen hektischen, aber vergeblichen Versuchen des Teufels, den Aufzug zum Fahren zu bringen, versagte dieser immer noch seinen Dienst.

„Scheiß Technik! Das ist ja hier genauso wie zu Hause. Wenn etwas funktionieren soll, geht es nicht!", ärgerte sich Rufus und ließ alle drei wieder aussteigen. Svenja hakte er wieder unter und lotste alle wieder zurück zu seinem Büro. Laurenz und Leander kicherten und knufften sich in die Seite vor lauter Freude, dass sie von ihrer Mama jetzt sicher nicht getrennt werden würden.

Im Büro angekommen, wollte Rufus gleich zum im Schreibtisch versenkten Telefonapparat gehen, da läutete dieses bereits.

„Ach du bist es." Rufus hielt den Telefonhörer dicht an sein Ohr.

Pause.

„Ja, ich weiß. Wir kommen gerade vom Aufzug zurück. Das Sch...ding funktioniert schon wieder nicht. Er bewegt sich keinen Millimeter."

Lange Pause.

„Ja, okay. Ich passe auf sie auf. Aber meine Frau bleibt hier."

Pause.

„Nein, die Kinder, das ist eine Sache, aber meine Frau bleibt da. Punkt. Ende."

Pause.

„Okay, wir reden, wenn wir uns dann sehen, sobald der Aufzug wieder funktioniert. Außerdem hat sie sich das Knie gebrochen."

Kurze Pause.

„Nein, sie simuliert nicht. Ich habe mir das angesehen, es ist tatsächlich gebrochen. Angeblich ist es beim Aufprall auf den Boden nach dieser unsäglichen Rutschaktion passiert. Allerdings habe ich keine Ahnung, wie es das geben kann. Bei uns gibt es doch eigentlich keine gebrochenen Knochen mehr. Oder ist dir schon einmal etwas Ähnliches untergekommen?"

Pause.

„Ja, gut. Ich werde auf alle drei gut aufpassen. Das sagte ich doch bereits. Und ja, ich weiß, dass den beiden kein Härchen von Jo-Anna gekrümmt werden darf."

Kurze Pause.

„Ja, natürlich auch von keinem anderen. Das ist doch klar."

Pause.

„Danke für die Erinnerung, ich weiß das. Schau dir lieber zu, dass der Aufzug wieder funktioniert."

Pause.

„Ja, klar. Wir gehen danach wieder einmal spielen. Ciao Kollege."

Pause.

„Mhmmmm. Alles klar. Okay. Ciao."

„Papa, wer war denn das? Mit wem hast du da telefoniert? Mit der Papa-Oma?", fragten ganz neugierig und aufgeregt die Kinder.

„Das war Gott?"

„Doch nicht etwa DER GOTT?", fragte wiederum Svenja etwas irritiert.

„Natürlich DER Gott. Wie viele kennst du denn?", antwortete Rufus gereizt, schaltete seinen Computer um von „kindgerecht" auf „satanisch" und begann zu tippen.

„Das glaube ich jetzt aber wirklich nicht. Du gehst mit DEM Gott Weiß-der-Himmel-was-spielen und nennst ihn KOLLEGE?!?!?! Was machst du da überhaupt?"

„Schon wieder so viele Fragen auf einmal. Zum einen, warum denn nicht? Schließlich verbringen wir hier alle mehr Zeit, als uns vielleicht lieb ist, und zum anderen, warum sollte ich ihn nicht Kollege nennen? Er macht im Grunde dasselbe wie ich, lediglich mit marginalen Unterschieden. Zudem beliefert er mich. Also ist er quasi auch mein Geschäftspartner und außerdem habe ich ein Rundmail geschrieben, das für alle ersichtlich ist. Nämlich, dass hier meine Kinder und meine Frau sind, denen auf keinen Fall etwas geschehen dürfe und ihr mit besonderer Sorgfalt zu behandeln seid", erklärte er seiner Frau.

„Geschäftspartner? Das wird ja immer kurioser", fasste sich Svenja an den Kopf. „Ich lege mich wieder hin. Das wird mir alles ein wenig zu viel. Heißt eigentlich diese „besondere Sorgfalt auch, dass wir bewacht werden? Und wer ist Jo-Anna? Doch nicht etwa deine Mutter Josefine-Anna?", und ließ sich vorsichtig in das Sofa fallen.

„Na ja, wir brauchen hier mächtig viel Strom und er hat genügend Ressourcen, die er uns freundlicherweise überlässt. Im Gegenzug verzichte ich ab und an auf eine Seele und noch ein paar andere Dinge." - „Aber dass ich auf deine verzichte, kommt gar nicht in Frage. Das kannst du dir gleich abschminken", setzte er gleich noch hinzu, war ihm ja sofort bewusst geworden, was er da seiner Frau verraten hatte „Und ja, Jo-Anna wird meine Mutter hier ehrfürchtig genannt.

„Warum brauchst du denn so viel Strom?", wollte Laurenz wissen.

„Fürs Fernsehen?", fiel Leander gleich noch ein.

„Nein, Kinder. Einerseits für unseren Vergnügungspark Hell City und andererseits alleine für die Kühlung der Hölle auf angenehme 19 Grad", erklärte er seinen Buben, die ihn mit umso erstauneren Augen anblickten.

„Ach, darum ist es so kalt hier wie bei uns zu Hause", wunderte sich Svenja nun nicht mehr.

„Was heißt hier kalt, bitte? 19 Grad sind gerade so, dass man nicht schwitzt", rechtfertigte sich Rufus.

„Mir ist aber auch kalt", ergänzte Laurenz.

„Ihr seid alle drei Jammerlappen! Euch kann man es sowieso nicht recht machen, ihr seid verwöhnt und verweichlicht durch eure Mutter. Richtige Muttersöhnchen seid ihr! Dafür könnt ihr euch gleich hinter eure Löffel schreiben, dass hier, genau wie zu Hause, ich das Sagen habe!", sagte Rufus streng.

„Aber zu Hause machst du, was die Papa-Oma sagt", fiel Leander ein, auf dessen Satz hin nun wieder Svenja lauthals lachen musste und ihrem Sohn einen Kuss gab.

„Stimmt, Papa. Leander hat recht", ergänzte Laurenz, ebenfalls auf einen Kuss seiner Mutter hoffend, wobei er natürlich ebenso geherzt und geküsst wurde. Sie setzte noch hinzu: „Da redet der Richtige von Muttersöhnchen! Ein größeres als dich gibt es doch nirgendwo!"

„Frechheit! Das stimmt doch gar nicht!", erwiderte Rufus etwas lahm, wusste er doch, dass die Kinder und Svenja leider nur die Wahrheit ausgesprochen hatten.

„Die Papa-Oma ist halt schon alt und älteren Menschen gehorcht man einfach", rechtfertigte er sich matt.

In diesem Moment, ging langsam, wie von Geisterhand die schwere Türe auf, ohne dass irgendjemand angeklopft hätte.

„Oh Gott, DIESE Manieren! Das kann nur SIE sein", stammelte Svenja und duckte sich unter die Decke.

Tatsächlich hörte man Sekunden später eine Person herein

trampeln, dass man meinen könnte, Colonel Haty und seine Kompanie aus dem „Dschungelbuch" kämen allesamt ins Zimmer gepoltert. Kurz bevor man ihrer überhaupt ansichtig werden konnte, zwängte sich ein Gestank der übelsten Sorte die Nasenwände unserer Sunatas-Familie hoch. Ein Höllen-Laie identifiziert diesen olfaktorischen Super-GAU sicherlich schlicht als Schwefelgeruch, weil wir alle es nicht besser wissen (können). Woher auch.

Svenja erriet die Quelle des Gestanks gleich. SIE, Jo-Anna, hatte ungeniert im Eingangsbereich ihre ekelhaften Darmgase Frischluft schnuppern lassen. SIE, des Teufels Mutter, das war eine winzige, ziemlich beleibte ältere Frau mit kurzen, pechschwarz gefärbten Haaren und noch strenger wirkenderer Brille auf der Nase. So sah sie wie eine „Griechösin" aus, eine Mischung aus der Griechin Nana Mouskouri und der Französin Mireille Matthieu, nur mit dem ziemlich gravierenden Unterschied, dass Jo-Anna eine dermaßen grauenhafte Stimme hatte, vor der jeder Reißaus genommen hätte, falls er mutig genug dazu gewesen wäre. Der Rock saß etwas schief herum und war halb geöffnet, weil zu eng, die Bluse war nur halb hineingestopft, die Schuhe ziemlich abgetreten. Kurz, sie machte einen ziemlich armseligen Eindruck dafür, dass sie die eigentliche Chefin der Hölle sein sollte. Zumindest nach Rufus' Schilderung.

Leander ging, dem Beispiel seiner Mutter folgend, sogleich in Deckung und versteckte sich hinter dem Sofa, immer wachsam auf seinen Vater und dessen Reaktionen blickend.

„Wo sind denn nun die Kinder, von denen man an jeder Ecke berichtet bekommt? Laurenz, Leander, antreten!", befahl sie sofort.

„Hallo Oma!", freute sich Laurenz und lief auf seine Oma zu.

Dieser Verräter! Ich gehe nicht zu ihr hin, denn die Papa-Oma ist zum Fürchten! Sie hat die schlimmsten Falten, die je ein Mensch gesehen hat. Ihr Gesicht besteht aus mehr Falten, denn aus Gesicht, aber am schlimmsten sind die Falten (oder sollte man sie Ackerfurchen nennen?), die sich von der unteren Nasenwand abwärts Richtung Lippen und von diesen wiederum ihren Weg zu ihrem gut Triple-Kinn gegraben haben. Furchen klingt aber fast zu freundlich, denn in Furchen könnten ein Grashalm oder auch mehrere der Sonne entgegen wachsen. In Papa-Omas Falten hingegen würde sogar ein Grashalm lieber Selbstmord begehen, denn Wurzeln zu schlagen, weil wenn die Papa-Oma um den Mundwinkel zu zucken beginnt, graben sich die Falten über- und unterhalb der Lippen noch tiefer ein, während diese sich langsam öffnen und die bösesten Worte heraus speien, ganz so wie jetzt:

„Und wo ist überhaupt ihre Mutter, diese Schlampe?"

„Die Schlampe ist hier", erhob sich nun Svenja und blickte Rufus' Mutter zornig an.

„Ah, mmmh. Ich wusste ja nicht, dass du im Zimmer bist."

„Ja, klar. Du sprichst über mich natürlich nur dann in dieser Weise, wenn ich nicht anwesend bin. Das erklärt ja eh einiges", antwortete Svenja nun erst recht böse.

„Hab' dich nicht so. Du weißt ja sowieso, was ich von dir halte."

„Jetzt hört endlich mit dieser Streiterei auf. Ihr seid genau wie die Kinder", ärgerte sich Rufus über die ewig gleiche Situation, in der er sich befand, nämlich in der Mitte seiner beiden Frauen.

Dieser und ähnlicher Situationen war er früher einfach aus dem Weg gegangen. Gegangen im wortwörtlichen Sinn, denn er hatte dann jedes Mal das Haus verlassen. Hier aber ging das nicht so leicht. Schließlich lag seine Frau ohne Gips oder ähnlichem hier auf seinem Sofa, wobei er noch nicht einmal in sein Krankenhaus auf der Erde zurückkehren und einen Gips besorgen konnte, da er ebenfalls an den Aufzug zur Rückkehr in seinen anderen Job gebunden war. Somit war seine Frau außer Gefecht, und nun oblag ihm die Obsorge über die beiden Kinder, für deren Wohlbefinden er jetzt sorgen musste, ob er nun wollte oder nicht. Er hatte Gott schließlich zugesagt, dass er auf die Zwillinge achten würde, und wenn er nicht von der Versorgung mit allem Notwendigen für sein Hell City etc. abgeschnitten werden wollte, dann war er an sein Versprechen gegenüber Gott auch gebunden. Seine Mutter hin oder her, er war jetzt für seine Kinder und auch seine Frau zuständig. Ihm passte das in keinster Weise, dennoch blieb ihm hier kein (Ver-) Handlungsspielraum.

„Papa-Oma, hast du uns etwas mitgebracht?", unterbrach Laurenz seinen Vater in dessen Gedankenspiel.

„Warum mitgebracht? Was willst du denn?", fragte fast ein wenig ungehalten die eben angesprochene.

„Die Mama-Oma hat immer irgendetwas für uns", wagte sich Leander kurz aus seinem Versteck.

„Die Mama-Oma!", äffte ihn Rufus' Mutter nach. „Die kann ja leicht etwas mitbringen."

„Wieso leicht?", fragte irritiert Svenja. „Meine Mutter hat schließlich nur eine kleine Pension. Und das dachte ich bis dato von dir auch, dass du nur eine kleine Witwenrente bekommen würdest."

„Pension! So etwas Lächerliches. Aber deine Mutter kann einfach einkaufen gehen. Für mich ist das alles viel schwieriger. Ich muss schließlich erst einen Dienstboten finden, dem ich alles auftragen kann, und dann sind das meistens irgendwelche Idioten, die erst recht wieder das Falsche daherbringen", meinte die Papa-Oma und wandte sich bereits zum Gehen.

„Ruhe jetzt! Mutter, ich gehe mit Svenja und den Kindern nach nebenan in die Wohnung, ihr könnt ja eure Streiterei fortsetzen, wenn ich mal nicht anwesend bin."

Sprach es, hakte Svenja unter, winkte den Kindern, öffnete die Nebentür zu seiner Wohnung und ließ eine verdutzte Jo-Anna zurück.

In Rufus' Wohnungsbereich angekommen, liefen die Kinder gleich einmal in alle Räume, um zu sehen, was es dort für sie Interessantes geben könnte und schubsten ihren Vater zur Seite, falls er ihnen gerade im Wege war, gaben ihm nebenbei aber ihre Wünsche bekannt: „Papa, ich hab' Hunger!" – „Papa, ich hab' Durst!", rief ihm Laurenz im Vorbeilaufen zu.

„Ich auch!", maulte Leander. „Und eine frische Windel brauche ich auch, ich hab' Kacki gemacht."

„Das riecht man auch", hielt sich der Vater die Nase zu. „Svenja! Leander braucht eine Windel!"

„Wie du weißt, kann ich mich nicht bücken", entgegnete ihm Svenja spitz, grinste in sich hinein und freute sich: „Das musst jetzt einmal du machen. Du hast eh bis dato noch nie eine Windel auch nur in der Hand gehabt!"

„Ich kann das auf keinen Fall! Mir wird schlecht. Da muss ich mich übergeben, wenn ich so etwas sehe, das weißt du!", wehrte sich Rufus, sah aber, dass ihm wohl oder übel nichts anderes übrig bleiben würde, versuchte es aber dennoch mit einem „kannst du nicht doch?".

Svenja hatte nicht vor, sich wie sonst immer alleine zu plagen und schüttelte energisch den Kopf: „Das weiß ich außerdem nicht, denn übergeben hast du dich ja noch nie müssen..."

Rufus nahm seinen Sohn und ...

„Ich habe gar keine Windel, geschweige denn ein Windeltuch oder so etwas. Was mache ich denn nun?", jammerte er.

„Na, dann wirst du entweder aus dem Krankenhaus welche holen oder Windeln aus Tüchern basteln müssen oder du setzt sie aufs Klo und hoffst, dass es klappt. Schließlich gehen die beiden eh bereits manchmal rechtzeitig aufs Töpfchen oder auf die Toilette. Falls du nach oben fährst, kannst du ja vielleicht eine Schiene oder einen Gips mitbringen."

„Ich glaube nicht, dass ich irgendetwas holen kann, schließlich funktioniert gerade der Aufzug nicht, wie jeder glasklar sehen konnte", warf schnippisch Rufus ein. Und wie um seiner Frau zuvorzukommen, setzte er hinzu: „Ich werde mich per Mail in den beiden Spitälern krankmelden. So eine Situation, dass ich hier feststecke, hatte ich doch noch nie, selbst wenn der Aufzug für einige Stunden mal seinen Dienst versagt hat."

„Papa, ich muss jetzt auch Lulu, nicht immer reden!", unterbrach ihn Laurenz und gesellte sich zu Leander und seinem verzweifelten Vater.

Rufus nahm alle beide an die Hand und ging mit ihnen widerstrebend zur Toilette, wo er Laurenz erst einmal darauf setzte und Leander die Windel entfernte, wobei ihm ein heftiges Würgen und Ächzen entfuhr, als er den Inhalt erblickte. Leander hatte zudem einen über und über verschmierten Popo, den er nun mit ein paar Kosmetiktüchern, die er hier auch besaß, abzuwischen versuchte. Was einerseits nicht ganz gelang, hatte er ja etwas von Leanders Stuhlgang auf den Händen und andererseits traf ihn ein Strahl aus Laurenz' Piepmatz, den dieser prompt nicht ins Klo gehalten hatte und somit fast waagrecht über den Toilettenrand gespritzt hatte.

„Was soll die Sauerei?!", schrie der Teufel und rannte sofort zum Waschbecken, wo er sich ein wenig erbrach.

Schlussendlich hievte er Laurenz von der Toilette, wischte den perplexen Leander sauber, putzte den Toilettenrand und den Boden mit Unmengen an Toilettenpapier, das er sonst immer wie einen Schatz gehortet hatte, und begann, eine Flüssigkeit herum zu sprühen, nachdem er sich noch schnell die Hände mit ca. 50 ml flüssiger Seife gewaschen hatte. Das war vermutlich der halbe Arzt in ihm, der ihn zu dieser Aktion angestiftet hatte.

„Ich muss auch die Hände waschen", meinte Laurenz, als sich Rufus bereits zum Gehen wendete.

„Ich aber auch!", hatte Leander wieder Angst, er könnte übergangen werden.

„Gut. Das auch noch", hob er jeden einzeln hoch und wusch ihnen die Hände, wobei natürlich sofort das Gejammer losging: „ Mein Nachthemd ist nass!" – „Meines auch und wo bleibt die frische Windel?"

Er schnappte daraufhin die Kinder, nahm sie an die Hand und ging wieder in sein Wohnzimmer, wo Svenja vor sich hin lächelte und beinahe charmant fragte: „Hat alles geklappt?"

„Alles bestens", log Rufus in der Hoffnung, sie hätte sein Gewürge nicht gehört und machte sich daran, im Küchenbereich einige Brote vorzubereiten, die ihm als Abendbrot reichen würden.

„Hast du für die Kinder auch etwas gemacht?", erkundigte sich seine Frau vom Sofa aus. „Ich sehen nur deinen Teller voller Brote."

Erstaunt blickte er sich um. Natürlich hatte er bereits wieder vergessen, dass er nicht alleine war und hatte nur für sich vorgesorgt. Widerwillig bereitete er noch ein paar zusätzliche, etwas kleinere Brote und stellte alles auf den Tisch.

Kaum hatte er sich gesetzt und alle ein Teller vor sich, meldete sich wieder sein Erstgeborener: „Papa! Du hast die Getränke vergessen!"

Rufus erhob sich wieder einmal, verdrehte die Augen in die vermeintliche Richtung, wo sein Kollege regierte, während ihm gleichzeitig einfiel, dass die Kinder ohnehin nicht mehr lange hier sein würden und bereitete mit einem Seufzer die georderten Getränke.

Nach langen Verhandlungen hatte er seine Kinder zu jeweils einem T-Shirt von ihm anstatt des gewünschten Buzz-Lightyear-Pyjamas überredet und jeweils mit zwei großen, saugfähigen Geschirrtüchern rund um die undichte Kinderkörperregion bei den beiden umwickelt und sie in sein großes Bett zum Schlafen gelegt. „Die Tücher werde ich morgen gleich entsorgen", versuchte er, sich diesen Gedanken auf seiner To-do-Liste zu speichern.

Als er sie mit einigen vehement eingeforderten Geschichten, in tiefster Not erfundenen, erzwungenen Zauberkunststücken und etlichen Versprechungen zum Einschlafen gebracht hatte, legte er sich etwas erschöpft neben sie, um ein wenig seinen rotierenden Gehirnwindungen eine Pause zu gönnen, da erfasste ihn eine sekundenschnelle Müdigkeit, woraufhin er, wenn es nicht dermaßen abwegig wäre, in einen sanften, engelsgleichen Sekundenschlaf fiel. Immerhin hatte er noch nie etwas mit den Bedürfnissen seiner Kinder zu tun gehabt.

Wenig später war er plötzlich wieder hellwach, rappelte sich auf und ging zu seiner Frau ins angrenzende Wohnzimmer, wo sie, ebenfalls noch hellwach, auf dem Schlafsofa lag.

Rufus war einigermaßen mild gegenüber seiner Frau geworden,

setzte sich zu ihr aufs Sofa und nahm sie an der Hand, die sie fast zurückziehen wollte, sich aber ob der ungewöhnlichen Zärtlichkeit ihres Mannes eines Besseren besann und ihn zuerst einmal fragend ansah.

„Tut mir leid, wenn ich heute etwas grob zu dir und den Kindern gewesen sein sollte."

„Wir hatten heute keinen leichten Tag. Wie oft stirbt man schon und findet sich plötzlich in der Hölle wieder."

„Eben. Darum habe ich mich ja entschuldigt."

„Du entschuldigst dich? Das bin ich wiederum nicht von dir gewöhnt. Schließlich hast du uns die letzte Zeit mit Abwesenheit beehrt, weiters mit Desinteresse und ziemlich abweisend behandelt."

„Was willst du denn noch? Habe ich mich nicht gerade entschuldigt?"

„Doch. Aber du weißt noch gar nicht, dass wir dich nächste Woche bereits verlassen hätten", setzte Svenja noch hinzu. „So, jetzt weißt du es. Ich habe nämlich eine Wohnung gemietet und bereits fast vollständig eingerichtet. Gleich nach dem Geburtstag der Kinder wären wir übersiedelt."

„Wohin denn? Und warum, bitte? War dir mein schönes Haus nicht genug? Was soll das?"

„Warum? Das fragst du doch nicht etwa im Ernst, oder?", regte sich seine Frau wieder auf.

„Natürlich ist es mein Ernst. Ich habe euch in meinem Haus schließlich kostenlos wohnen lassen. Was willst du denn noch? Andere W... - äh - Frauen wären froh gewesen, in so einem schönen Haus wohnen zu dürfen."

„Und geholfen hast du mir mit den Kindern weder beim Füttern, Wickeln oder sonst irgendwann einmal. Wenn überhaupt, bist du mir hilflos im Weg gestanden."

„Du hast eh keine Hausarbeit machen müssen für mich. Ich habe dir immerhin die Arbeitskraft meiner Mutter zur Verfügung gestellt."

„Was soll denn jetzt das wieder heißen? Ich habe eh alles alleine gemacht!"

„Aber du hast meine Wäsche weder bügeln noch für mich kochen müssen!", warf er ein.

„Nur weil deine Person wegfällt, weil deine Mami nur alles für dich alleine gemacht hat, heißt das doch nicht, dass ich weniger Arbeit hatte!", schrie Svenja erbost.

„Du tickst ja nicht richtig. Außerdem plapperst du schon wieder alles nach, was dir deine Mami jeden Tag vorbetet. Du kannst doch nicht annehmen, dass bloßes Obdach und kein Essen für dich einzige sind, das man braucht. Dafür musste ich aushalten, dass deine Mutter ständig dort aus- und einging, wie es ihr gefiel und sich zu allem Überfluss noch in alles und jedes eingemischt hat. Du wirst doch nicht allen Ernstes annehmen, dass es normal ist, dass du und deine Mutter zusammen bei Tisch sitzen und essen könnt, während du mich und die Kinder vom Tisch verweist. Wenn du ständig deine Mutter um dich haben musst, brauchst du uns sowieso nicht. Dazu noch dein krankhafter Geiz, dass du nicht einmal annähernd für den Unterhalt deiner Kinder sorgen willst, von mir ganz zu schweigen. Glaubst du wirklich, dass ich mir das noch länger hätte gefallen lassen und seelenruhig dabei zugesehen hätte, wie wenig du an einem Familienleben interessiert bist. Außer deiner Mama existiert für dich sowieso niemand."

Rufus wurde etwas schweigsam und dachte kurz nach: „Was hätte ich denn machen sollen? Wie du jetzt weißt, ist Mutti die Chefin der Hölle und ich ihr Sohn. Ich MUSS machen, was sie sagt, wenn ich nicht so enden will wie die meisten ihrer anderen Kinder oder noch schlimmer, ihre Liebhaber."

„Warum wolltest du dann unbedingt Kinder haben? Fast gezwungen hast du mich anfangs", wollte Svenja wissen.

„Meine Mutter wollte die Nachkommenschaft gesichert wissen. Tut mir leid, aber ich wollte eigentlich gar nicht wirklich Kinder. Allerdings…, setzte er nach.

„Allerdings was??"

„Allerdings wachsen sie mir immer mehr ans Herz."

„Jetzt wird mir endlich klar, warum du dich weder an ihrer Erziehung noch an der Arbeit, die bei zwei Kindern gleichzeitig nicht zu knapp ist, nicht einmal annähernd beteiligt hast. Ich habe dich oft genug gefragt, warum du mir nicht hilfst, wenn du schon alle Hebel in Bewegung gesetzt hast, dass wir Kinder bekommen. Wenn ich gewusst hätte, dass dein Kinderwunsch eh nur aufgrund des Drängens deiner Mutter zustande gekommen ist, hätte ich mit dir niemals Kinder bekommen. Alleine deine Bemerkung, nachdem ich unser erstes Kind verloren habe und du dich in der Klinik ganze zwei Tage nicht mal blicken hast lassen, hätte mir zu denken geben müssen."

„Welche Bemerkung meinst du denn?"

„Dein erster Kommentar überhaupt, nachdem du nicht einmal auf meine Anrufe etc. reagiert hast, war nur, dass deine Mutter enttäuscht gewesen sei. Über diesen Kommentar war ich fast mehr entsetzt als über dein Verhalten in diesen Tagen. Du hattest Glück, dass ich überhaupt zu dir zurück gekommen bin, denn eigentlich wollte ich dich damals schon verlassen. Und hätte ich nicht danach selbst einen unbändigen Kinderwunsch verspürt, wäre ich schnellstens verschwunden. Nun ja, so ist es eben jetzt geschehen, dass wir dich verlassen hätten, aber selbst das hat ja nun nicht geklappt." Ziemlich geknickt blickte Svenja ein wenig ins Leere. Sie hatte schließlich viel über die Geschehnisse des Tages nachzudenken.

„Es tut mir leid, wenn ich dir keine große Hilfe damals war. Aber immerhin habe ich dir Blumen geschenkt, als ich dich nach den zwei Tagen besuchen gekommen bin. Ist das denn nichts?"

„Das ist ja wohl nicht dein Ernst? Erstens hast du mir in den ganzen Jahren genau zweimal Blumen geschenkt, und in beiden Fällen bin ich im Krankenhaus gelegen, zweitens hättest du lieber kommen sollen, als es passiert ist und nicht erst zwei Tage später und drittens habe ich nicht einmal zur Geburt der Zwillinge Blumen bekommen."

„Dafür habe ich dir immerhin eine kleine Packung Schokolade mitgebracht!"

„Ja, Schokolade! Die du eh dann selbst aufessen wolltest!"

„Ich wollte dir doch bloß helfen. Schließlich solltest du nach der Geburt abnehmen!"

„Du hast ja wirklich eine Meise. Als ob es genau auf diese eine Schokolade angekommen wäre! Zudem hatte ich nach der Geburt ganze fünf Kilo weniger als vor der Schwangerschaft."

„Die wollte ich dir erhalten!"

„Mach dich jetzt nicht auch noch lächerlich. Mein Gewicht spielt bei unseren Problemen die geringste Rolle. Das größte Problem in unserer Beziehung sind du, dein Mama-Söhnchen-Verhalten und dazu noch deine Mutter. Wenn ich nämlich eine Beziehung zu dritt hätte haben wollen, hätte ich mir sicher nicht deine Mutter als dritte im Bunde ausgesucht, eure Beziehung hat nämlich bereits krankhafte Tendenzen angenommen."

„Was heißt hier Muttersöhnchen und krankhaft! So eine Frechheit! Du weißt doch jetzt, dass ich machen muss, was meine Mama sagt."

„Ach was, du bist bloß eine Memme, die sich nicht mal gegen diese Hexe aufbegehren traut. Du wärst schließlich alt genug, ein eigenes Leben fernab von Mamas Rockzipfel zu führen. Egal, ob sie hier die Chefin ist oder nicht. Sie braucht dich schließlich als Lakaien, der ihr Hell City leitet, denn dazu würden ihr bei ihrer ständigen Mehrmännerei erstens die Zeit und zweitens die Intelligenz fehlen."

„Sag lieber nichts zu ihr bezüglich mangelnder Intelligenz. Das könnte gefährlich werden."

„Du willst doch nicht etwa behaupten, sie hätte Grips oder eine womöglich eine Allgemeinbildung?"

„Ich weiß, sie ist ziemlich dumm, aber das muss man ihr ja nicht auf die Nase binden", wandte Rufus immer kleinlauter ein. Meine Intelligenz kann ich sowieso nur von meinem Vater geerbt haben."

„Von dem du außerdem fast nichts weißt, weil sie dir nicht ein Wort über ihn verraten will. Falls du dich erinnern kannst, habe ich sie nach der Geburt der Zwillinge einmal nach seinem Geburtsdatum für den Familienstammbaum der Kinder gefragt, da ist sie völlig ausgeflippt. Schließlich steht in deiner Geburtsurkunde bloß Vater unbekannt."

„Ich habe selbst nie etwas über meinen Vater aus ihr herausbekommen. Ich darf seinen Namen auch nicht in ihrer Gegenwart erwähnen. Und ansonsten verlangt sie stets strikte Loyalität ihr gegenüber von mir."

„Strikte Loyalität heißt bei dir, dass sie Narrenfreiheit hat. Sie kommt und geht in und aus deinem Haus, als ob es ihr gehören würde, dabei besitzt sie nicht mal einen zweiten Mantel. Glaubst du etwa, es ist lustig, dass sie einfach zu jeder Tages- und Nachtzeit ins Haus hereinplatzen kann und uns alle mit ihrer plötzlichen Anwesenheit zu Tode erschrecken kann? Einmal ganz davon abgesehen, dass das kein Leben für uns ist, wenn ständig jemand unsere Privatsphäre mit seiner Anwesenheit stört und seine schlechte Aura verbreitet. Außerdem mischt sie sich ständig in die Erziehung, in Bekleidungsfragen etc. ungefragt ein. Ihre Meinung interessiert niemanden, außer vielleicht dich. Zudem entblödet sie sich nicht nur, in meinen Sachen herumzuwühlen, sondern steckt noch dreist ihre stinkenden Füße in meine Hausschuhe. Dieses Weib kann nicht mal „mein" und „dein" unterscheiden, kennt keine Höflichkeitsfloskeln und kann weder der Kinder noch meinen Gruß erwidern."

Sie musste Luft holen.

„Ständig höre ich von dir, wir hätten dies und das besprochen oder beschlossen, obwohl ich ganz genau weiß, dass du dabei nicht mich, sondern deine Mutter meinst, weil du mit mir sowieso fast nichts besprichst. Nicht genug, dass du jede klitzekleine Einzelheit mit ihr beredest, nein, du willst dann noch mir einreden, wir hätten das auch noch beschlossen, was du mit ihr abgesprochen hast. Merke dir jedenfalls eines, ich habe die Nase von deiner Mutter – und jetzt ob Teufelin oder nicht – gestrichen voll, genauso wie ihre ständigen Essenslieferungen für dich. Es tut mir nur leid, dass die Kinder und ich nun nicht einmal mehr die Gelegenheit haben, ein eigenbestimmtes Leben fernab von euch beiden „Ödipussis" zu führen", setzte Svenja jetzt ohne Atempause hinzu, schließlich mussten sich all die Kränkungen und Verletzungen der letzten Jahre Luft bzw. Gehör verschaffen.

„So, und jetzt will ich schlafen. Zumindest will ich es versuchen. Sei so nett und geh' bitte hinüber zu den Kindern", bat Svenja ihren Noch-Ehemann und bettete ihren Kopf bereits auf den Kopfpolster, während sie Rufus ihren Rücken zur Ansicht darbot.

Rufus blieb keine andere Wahl, wollte er nicht auf dem Boden schlafen, und so verzog er sich in sein Schlafzimmer, in dem bereits die Kinder tief schlummerten und diverse Geräusche von sich gaben.

Männer, auch wenn sie noch so klein sein mögen, neigen in ihrer Schlafphase zu extrem starker Atmung, die von Geräuschen begleitet werden, die anwesende Personen, die zu ihrem eigenen Unglück noch nicht in den selbigen Zustand abgedriftet sind, schneller in den Wahnsinn treiben können, als ein tropfender Wasserhahn ein Likörglas füllen kann.

Svenja sah diesen tonalen Gleichklang ihrer drei Männer als Beweis dafür an, dass die Gene ihre Verwandtschaft mit dem Vater, der sich hier als der Teufel entpuppt hatte, wohl doch kaum leugnen konnten. Das einzig Beruhigende an diesem Tag, der hinter ihnen allen lag und für die unterschiedlichsten Träume sorgte, war jedoch, dass der Teufel keine irgendwie geartete Handhabe mehr über die Seelen seiner Kinder hatte. Somit fiel die letzte in dieser kleinen Familie in tiefen Schlaf, als sie vif genug war, sich aus einem eingesteckten Taschentuch Ohrstöpsel zu basteln und somit in ihrer eigenen, von allen anderen abgeschotteten Welt war.

Rufus' Erholungsschlummer währte allerdings nicht so lange, wie er vielleicht gehofft hatte, denn plötzlich traf ihn ein Fuß mitten auf die Nase. Einen geprüften Vater sollte so etwas nicht weiter wundern, Rufus befand sich aber schlaftechnisch üblicherweise mit sich alleine, denn er wollte ungestört von seiner Familie ruhen, sodass er vermeintlich tätliche Angriffe nicht gewohnt war. Er wollte daher beinahe zum Gegenschlag ausholen, da meldete ihm sein Gehirn die Anwesenheit seiner Kinder, was ihm zwar überhaupt nicht passte, er aber dann doch wieder schlicht zur Kenntnis nahm und weiterzuschlafen versuchte.

Samstag, 04. Juni 2011

Nach der ersten gemeinsam verbrachten Nacht mit seinen Kindern und dreimaligem Wecken durch die beiden – zweimal von Leander, der seinen Schnuller und seinen Polster vergeblich herbei zu schreien versuchte – einmal von Laurenz, der seinen „Dickbauch" vermisste, stand ein relativ gut gelaunter Rufus morgens um sieben Uhr auf, um Frühstück zu bereiten, denn alle beide, Laurenz und Leander waren ab halb sieben immer näher an ihn herangepirscht, hatten sich an ihren Vater gekuschelt, so gut tat ihnen seine Nähe, dass er fast aus dem Bett fiel und sich nur mit Mühe und einigen Verrenkungen in selbigem halten konnte und somit kurzerhand die Nachtruhe für beendet erklärte. Zumindest sich selbst gegenüber.

Mangels Gehfähigkeit von Mama musste sich Papa zur Zubereitung des Frühstücks herablassen, wobei er aufgrund fehlender Erfahrung gewaltig in die Verlängerung ging. Ich dachte schon, ich müsste hungers sterben. Kurz bevor der Hungertod nahte, kam Mama herbei gehumpelt und wollte helfen, aber volle Kaffeetassen und Kakaobecher lassen sich einfach schwer an einen Tisch transportieren, ohne dass sich bei dem Gehüpfe jeder einzelne Tropfen Flüssigkeit aus den Tassen verabschieden würde. So setzte sie sich einfach an den Tisch und ließ sich von Papa und uns bedienen.

Wir schleppten nur das Notwendigste an: zehn Gabeln, drei Suppenlöffel, fünfzehn Messer aller Art (was Mama eigenartigerweise erneut dazu veranlasste, davon zu hüpfen und unsere tollen Messer hoch oben zu verstecken), Schöpflöffel, Salatbesteck, zwei Schalen mit „Backerbsennnüssen", über die wir uns sofort stürzen wollten, denn diese mit Backteig überzogenen Erdnüsse schmecken uns soooo gut. Da sind Leander und ich uns ausnahmsweise völlig einig, nur über die Verteilung gibt es immer Streit. Ich als Erstgeborener beanspruche schlichtweg 2/3, da hat der Knirps gar nichts zu melden! Schlussendlich, nach einer geschlagenen Stunde des Donnergrollens im Magen, nach etlichen Tränen, Gestampfe, zehn „du böse Mama!" sowie nur sechs „du böser Papa" später saßen wir zu viert (so etwas hatten wir noch nie!!!) bei Tisch und huldigten Papas Bemühungen, indem wir kräftig zulangten. Mama kam aus ihrem Staunen kaum heraus, aßen wir doch sonst laut Mama wie Mäuse, Spatzen oder ähnliche Tiere, die ihr gerade einfielen.

Mama und Papa unterhielten sich während unseres Mini-Gelages mit langweiligen Gesprächsthemen, die nicht einmal uns interessierten. Dabei lauschten wir für gewöhnlich gerne an der Tür, sobald sie meinten, sie wären alleine und wir unter des Traummännleins Mäntelchen gekrochen.

Nach einiger Zeit, als uns endlich Papa gewaschen und erneut in ein neues T-Shirt von ihm in Ermangelung eines Kleidungsstückes in Kindergröße gesteckt hatte (selbst die angeblich hier ansässigen Boutiquen hätten nichts in unserer Größe, weil ja normalerweise kein Kind hierher kommt), machten wir uns daran, Papas Büro noch einmal genauer unter die Lupe zu nehmen. Papa wollte eine Schiene und Krücken für Mama basteln, er war es leid, alles alleine für uns machen zu müssen.

Papa kann sich aber zum Glück wie jeder normale Mann nicht auf mehrere Dinge gleichzeitig konzentrieren. Multitasking nennt sich das, und das könnten nur Frauen, hat man uns erklärt, so hat er unsere Aktivitäten wenig beachtet.

Leander und ich sind gleich einmal ans Werk gegangen: Schubladen-Untersuchung, Kugelschreiber-Filzstift-Austestung der vollen Funktionstüchtigkeit an einer Wand, Karussell-Autodrom mit seinen zwei Drehstühlen. Ein Wunder, dass wir uns nicht verletzt haben.

Papa dürfte jedenfalls mit der Bastelei erfolgreich gewesen sein, denn er war einerseits nicht allzu unzufrieden mit unserer Freizeitgestaltung, bis auf das neue Wandgemälde, das nicht ganz seinen Geschmack getroffen haben dürfte, andererseits legte er voller Stolz Mama seine Do-it-yourself-Schienenkonstruktion an und überreichte ihr zwei Stück von irgendetwas, das er Krücken nannte. Mama konnte sich somit besser fortbewegen, aber hinter uns herlaufen konnte sie nicht, das haben wir nämlich sofort ausgetestet. Die Pseudo-Krücken hat sie am nächsten Tag bereits wieder achtlos liegen gelassen, sie waren ihr doch wenig Hilfe gewesen.

Nach dem Mittagessen, das Papa nun mit Mamas Hilfe gekocht hatte, ausnahmsweise verzichtete er heute auf die Essenslieferung von der Papa-Oma, da Mama fast einen hysterischen Schreikrampf bekommen hatte, alleine bei der Erwähnung von Omas möglichem Besuch, mussten wir alle vier eineinhalb Stunde lang rasten, weil Papa schon wieder müde war. Aber danach kam die Überraschung für uns: Wir sollten Hell City kennenlernen.

10

Unterdessen im Himmel…

Gott hatte Petrus zu sich gerufen, er wollte mit ihm gemeinsam sehen, wie es ihrem Kollegen Rufus mit den Kindern und dessen Ehefrau erging. Gott schaltete seinen Monitor ein, wählte den richtigen Kanal, Petrus holte für sich und Gott eine Tüte Chips und je eine Flasche Manna. Die beiden prosteten sich zu und schauten sich die Bemühungen des sogenannten Neo-Papas an, nicht ohne ihre unverhohlene Häme zur Schau zu stellen.

„Schau dir mal den hilflosen Rufus an!", rief Petrus, der zwar auch vor langer Zeit Kinder, aber wenig mit ihnen zu tun gehabt hatte, dennoch war es viel spannender, über die Fehler des Kollegen der Unterwelt herzuziehen.

„Die liebe Zeit, jetzt übergibt er sich auch noch!", fasste sich Gott an den Kopf und schob sich ein Stück dieser leckeren Köstlichkeit, die hier ein gewisser Herr Kelly einmal mitgebracht hatte, in den Mund.

„Hast du gesehen, wie er diese Windeln an den armen Kindern montiert hat? Hoffentlich kontrolliert ihn da seine Frau nicht, schließlich hat er einen Tacker benutzt. Weil er den Kindern nicht wehtun wollte, hat er seine Hand dazwischen gehalten und sich selbst eine Klammer hineingestoßen. So etwas Ungeschicktes! Und so etwas will Chirurg sein! Nein danke, von dem möchte ich kein neues Gesicht bekommen. Rülps! Oh, Verzeihung, Gott."

Gott überhörte diesen Mangel an guten Manieren, zu sehr hatten ihn die Bilder über die sogenannte Nachtruhe von Rufus erheitert. Die Morgentoilette mit den Kindern klappte da schon wesentlich besser, die Zubereitung des Frühstücks lag etwas außerhalb der Zeitnorm, sogar für einen Mann, ansonsten waren die beiden halbwegs mit Rufus' Umgang mit dessen Kindern und Ehefrau zufrieden. Immerhin hatte Jo-Anna bisher noch wenig Gelegenheit gehabt, bei ihnen dazwischenzufunken.

„Unser Mama-Söhnchen hat doch noch Potential, das hätte ich nie für möglich gehalten!", meinte Gott kopfschüttelnd. „Hoffentlich kann sich diese grauenhafte Jo-Anna in Bezug auf die Kinder zusammennehmen und lässt alle einmal in Frieden!"

„Sie weiß immerhin, dass ihre gesamte Höllen-Maschinerie ohne unsere Lieferung dem Untergang geweiht ist. Die Tragweite ist ihr sicher bewusst, sonst hätte sie gestern Abend bei Rufus' erstmaligem Widerstand anders reagiert. Er wäre nicht ihr erster Sohn, den sie kurzerhand verspeist hat, sobald ihr dessen Illoyalität auch nur olfaktorisch in ihr hässliches Riechorgan weht. Noch braucht sie ihn für Hell City." Petrus machte sich die gleichen Sorgen um das Wohlergehen der Kinder, um Svenja und ebenso wie um jene ihres Kollegen, bei dem Gott und er einen sorgsam versteckten Kern des Guten ahnten.

Trotz ihrer Sorgen vorhin mussten die beiden aber beim Anblick der „Bürotätigkeit" der Kinder dermaßen schallend lachen, dass einige der Erzengel vorsichtig zur Tür hereinspähten, um sich zu vergewissern, dass mit den beiden Himmelschefs, die gerade starke verhaltenstechnische Ähnlichkeit mit Tifosi aufwiesen, alles in Ordnung wäre. Die scheinbar grundlose Erheiterung von Gott und Petrus irritierte sie zwar, konnten sie den Monitor und die darauf zu sehenden Kinder in ihrem Einfallsreichtum nicht erblicken, dennoch wandten sich alle wieder ihren eigenen Tätigkeiten zu. Erzengel Raphael übernahm die Verteilung der Datenblätter der heute zu erwartenden Kundschaft, anschließend fuhr die ganze Mannschaft mit ihren jeweiligen Segway-Rollern bzw. Vespas zu ihren Stationen.

Gott hatte kurz sein Büro verlassen, um sich nach den Chips, die ihn und Petrus erst so richtig hungrig gemacht hatten, etwas Anständiges von Maria oder Josef zu essen holen. Petrus rief ihm noch seine Anweisungen nach: „Aber bitte eine ordentliche Portion, nicht eine von dieser „Haute-Cuisine-Magen-Verarsche" wie sonst üblich und nicht das Bier vergessen! Von diesem Manna bekomme ich regelmäßig Bauchschmerzen!"

Maria war eine erstklassige Köchin, genau wie Josef, ihr Mann. Im Himmel hatten die beiden gemeinsam ein Drei-Hauben-Restaurant eröffnet, das rund um die Uhr geöffnet und auf Wochen ausgebucht war. Gott hatte jedenfalls eine Reservierung oder Vorbestellung nicht nötig, er bekam auf Wunsch alles, was an Köstlichkeiten zur Auswahl stand. Und sollte er einmal wider Erwarten doch nichts mehr bekommen, hatte er noch eine Trumpfkarte im Ärmel. Dann würde er nämlich seinen und Marias gemeinsamen Sohn Jesus bitten, ihm etwas aus der Vorratskammer des Restaurants zu organisieren. Gute Kontakte sind selbst im Himmel wertvoll wie hierzulande Gold.

Gott hatte für sich und Petrus also deren Leibgericht, Schweinebraten mit Semmelknödel und Krautsalat, besorgt, kehrte mit einem Servierwägelchen mit zwei Etagen voll beladen in sein Büro zurück, um dort mit Petrus zu essen, als er schon von weitem seinen Kompagnon lauthals lachen und sich selbst auf den Oberschenkel klatschen hörte wie ein echter bayrischer Schuhplattler auf dem Kirtag in einem Dörfchen.

„Was ist denn passiert, seit ich weg war?", fragte er neugierig.

„Du hast das Beste verpasst", antwortete Petrus und prustete laut: „Nein, dieser Leander, der gefällt mir. Ein richtiger kleiner Lauser ist das!" Er konnte vor lauter Lachen kaum weiter sprechen, „Leander hat sich einen Stuhl besorgt, die Haustüre versperrt, hat die Alarm- und Sicherungsanlage mit einfachem Herumdrücken geknackt. Die ist ja sowieso ein Witz. Dabei hat er den Haustürferrari sowohl deaktiviert als auch einen akustisch-mechanischen Schutzwall davor errichtet."

„Ja, und weiter?", fragte Gott etwas irritiert, was denn da so lustig an der Geschichte wäre.

„Weißt du denn nicht mehr, dass Jo-Anna ihrem Muttersöhnchen täglich mittags seine Mahlzeit bringt?", gackerte Petrus los und schnupperte an Marias vorzüglich zubereitetem Schweinebraten, das Besteck bereits in Startposition haltend.

„Ach ja, jetzt fällt es mir wieder ein, dieses total mehlverstaubte Etwas, das sie Mittagessen nennt!", kicherte jetzt auch Gott.

„Ja, und in diese Pampe, die ein normaler Mensch niemals zu sich nehmen würde, raspelt sie ja vorher noch ordentlich von ihren Fersen ihre total dicke, ekelhafte Hornhaut hinein, denn mit dieser „Zauber-Zutat" hält sie ihren Bubi an Mamas Busen. Sie allein weiß, welche grauenvolle Essenz in ihrem Fersengold enthalten ist. Würde Rufus ganze zwei Tage jede einzelne seiner Mahlzeiten ohne diese Essenz zu sich nehmen, wäre der Zauber dahin und er würde sich von ihr abnabeln. Sonst hätte doch der arme Kerl schon längst seiner Mutter den Rücken gekehrt", war sich Petrus beinahe sicher.

„Na ja, in seinem stattlichen Alter wäre das eh nicht zu früh!", erwiderte Gott und steckte sich einen noch immer dampfenden winzigen Knödel in den Mund.

„Nicht zu früh", zerkugelte sich Petrus, „der Kerl ist ja sooo ein Waschlappen! Ohne seine Mami wäre er nicht einmal ein Mini-Teufel", setzte Petrus hinzu.

„Nun sei doch nicht so gemein", lachte Gott, „heute muss er dann also dank Leander ohne Mami-Essen auskommen. Das ist sicher bereits genügend Strafe für ihn, er wird wahrscheinlich richtige Entzugserscheinungen bekommen."

„Du hättest Jo-Anna sehen sollen, als sie mit ihren zwei Töpfen angewatschelt gekommen ist und weder ein Läuten oder ein Pochen möglich war, geschweige denn, dass ihr Gezeter durch die Tür durchdringen konnte. Puterrot vor Zorn war sie im Gesicht, ihr Triple-Kinn hat dabei gezittert wie bei einem echten Puter. Ich hätte mich bald vor lauter Lachen angepinkelt!"

„Was hat Rufus dann gemacht, der hatte doch sicher bereits Hunger?"

„Er hat Spaghetti für alle gekocht, Svenja hatte Erbarmen mit ihm und hat das Sugo gekocht, nicht diesen ekelhaften Brei, den ihm Jo-Anna als Sugo vorsetzen würde. Sein Glück, denn normalerweise sollte sie ihn eigentlich hungern lassen dafür, was er ihr früher anschauen hat lassen", schmatzte Petrus.

„Du meinst wohl, weil er ihr und den Kindern verboten hat, mit ihm und Jo-Anna gemeinsam an einem Tisch zu speisen?"

„Nicht nur das, sondern dazu noch die Frechheit, dass Svenja extra für sich und die Kinder kochen musste", setzte Petrus noch hinzu.

„Wenn sie alle wüssten, welchen Fraß Rufus von seiner ihn ach so liebenden Mama immer vorgesetzt bekommt, wären sie darüber sicher eher erleichtert, denn verärgert."

„Das mag schon stimmen. Dennoch ist es eine Frechheit, seiner Frau und den Kindern das gemeinsame Essen als Familie zu verwehren, aber seine Mama und ihr ständiges, unaufgefordertes Eindringen in das Haus ohne Widerrede hinzunehmen und diese „Filzlaus" ihre miese Stimmung verbreiten zu lassen. Ich würde mir so etwas von meinem Mann nicht gefallen lassen!"

„Ha ha, lieber Petrus, das würdest du sicher nicht. Du hast nämlich weder einen Mann noch bist du eine Frau, mein Lieber, und die Filzläuse, die ich geschaffen habe, musst du auch nicht extra mit

Jo-Anna vergleichen. Das wäre schließlich für die Filzläuse eine Beleidigung, die sie sich nun auch wieder nicht verdient haben", prustete Gott heraus und verschluckte sich beinahe am Krautsalat.

„Meine Güte, bist du vielleicht kindisch", schüttelte Petrus etwas beleidigt den Kopf und wandte sich wieder dem Geschehen im Zuhause des Teufels zu.

11

Unterdessen in der Hölle bei Jo-Anna & Co...

Heinrich der Achte machte sich wie jeden Tag gegen Mittag auf den Weg zum Reitstall, wo er am Vortag diese drei seltsamen Neuzugänge entdeckt hatte, weil er mit seinem Pferd einen kleinen Ausritt in Richtung Mc Fat's, einem „Ride-in" („Reite vorbei, fass' dein Mittagessen im Sattel" war das Motto des Ride-ins), machen wollte. Wie er später erfahren musste, waren diese drei Familienangehörige des Chefs von Hell City und Höllenchefin Jo-Anna die Großmutter der beiden Kinder. Während er über diese Familienkonstellation nachdachte, stieg ihm ein Essensduft in die Nase. Zugegeben, sehr verführerisch roch es nicht, aber da Heinrich fast pausenlos hungrig war, weil er wieder einmal Diät halten musste, um nicht noch fettleibiger zu werden, folgte er der Duftspur, die ihn direkt vor die Wohn- bzw. Arbeitsstatt von Rufus brachte. Direkt vor der Eingangstür stand eine große Tupperdose mit einem offenen Belüftungsschlitz, die offensichtlich dort jemand platziert hatte. Neugierig lüftete er den Deckel, um zu sehen, ob nicht doch ein leckerer Inhalt drinnen wäre. Etwas enttäuscht erblickte er in einem Abteil eine dickliche, puddingartige braune Sauce, in der ein paar Fleischstücke schwammen, und im anderen Abteil einen etwas klebrigen Reis.

Angesichts dessen, dass ihm bereits der Magen knurrte und er wieder einmal nur die Aussicht auf einen vor Fett triefenden Hamburger hatte, warf er einen kurzen Blick über die Schulter, ob ihn jemand gesehen hatte, packte das Geschirr nach dem Verschließen rasch unter sein Hemd und verschwand in Richtung Stall, wo er in Windeseile das Essen hinunterwürgte, ohne einen Moment zu opfern, das Essen auch zu kauen. Daher hatte der arme Mann auch keine Zeit, seine Geschmacksknospen ihre Arbeit erledigen zu lassen, die natürlich erst nach Beendigung der Mahlzeit dem Gehirn signalisierten, dass ein eigenartiger Beigeschmack, abgesehen von der Fadesse des gesamten Gerichts, entdeckt worden war.

Das Gehirn vernahm zwar die Botschaft, meldete dem Mund aber viel zu spät, dass dieser das Hinunterschlingen beenden sollte, und so nahm das Unglück seinen Lauf. Die „Zutat" von Mama Jo-Anna breitete sich über sämtliche Nervenbahnen aus und ließ das

Verlangen von Heinrich dem Achten nach Jo-Annas Nähe erneut erwachen. Erneut hieß in Heinrichs Fall, dass er bereits vor geraumer Zeit Jo-Annas Leibeigner gewesen war, ein Spielball, der je nach Lust und Laune einsatzbereit gewesen war oder es eben sein musste.

Heinrich der Achte ließ sein verdutztes Pferd, das auf einen Ausritt zum Ride-in gewartet hatte, einfach stehen und machte sich auf die Suche nach „seiner" Jo-Anna, willfährig bereit, ihre Befehle, Schläge oder die Anweisung zu einem Schäferstündchen entgegenzunehmen, was ihm nicht einmal so ungelegen gekommen wäre. Ganz im Gegenteil, er hoffte eigentlich darauf, dass sie ihre ehemalige lustvolle Hass-Streit-Sex-Beziehung wieder aufnehmen könnten.

12

Nachdem Papa bereits ziemlich ungeduldig geworden war, weil er mit uns nach dem Mittagsschlaf zuerst zum Lulu machen und kurze Zeit später mit Laurenz zum Kacki machen noch einmal mitkommen musste (er plärrte etwas von Einteilung etc.), konnten wir langsam aufbrechen. Hinter uns wackelte Mama mit ihren Krücken her, aber schon nach einigen Metern erreichten wir eine Art Geisterbahn- oder Autodrom-Wägelchen auf Schienen, mit jeweils einem Frauen- und einem Männergesicht auf der gegenüberliegenden Seite.

Wir quetschten uns hinein, da fuhr es auch schon los. Das Frauengesicht schnappte immer nach einem vor ihm fahrenden Männergesicht, bis es fest in dessen Nase biss. Das war praktisch, die Waggons brauchten auf diese Weise keine Puffer. Ganz anders als in unseren faden Büchern.

Papa hat jedenfalls heimlich einen Knopf gedrückt, obwohl er genau weiß, dass das immer wir für ihn erledigen wollen. Laurenz und ich hatten beim Fahren enormen Spaß und juchzten dem Wägelchen zu: „Schneller!! Ein bisschen Tempo! Beiß' den Mann vor Dir!" „LOS!"

Nach einer Weile mit letztendlich toller Geschwindigkeit kamen wir an eine Art U-Bahn-Station. Sie war aber viel, viel größer als die, die wir in Wien einmal gesehen hatten. Von hier teilten sich einige Gleise. Unsere „Frau" verbiss sich richtiggehend in das Gesicht von einem „Mann", der vor ihr parkte.

Papa erklärte, dass das hier die so genannte Phönix-Station wäre, der Mittelpunkt von Hell City und die offizielle Route für alle Hölleneinwohner, wenn sie zu den Themenparks gelangen wollen.

„Von hier aus kann man jede einzelne Station besuchen, das gilt zumindest für die ganzen Einwohner der Hölle. Einen Tag pro Woche, entweder samstags oder sonntags, darf nämlich jeder einzelne Hell City, unseren Freizeitthemenpark, besuchen."

„Und die restlichen Tage der Woche machen sie was?", fragte Laurenz.

„Die verbleibenden Tage müssen sie in Schichten für unsere

hauseigene Stromanlage arbeiten oder für die Verpflegung aller Bewohner oder ähnliches sorgen."

„Ich dachte, der Strom würde von Gott geliefert, hast du erzählt", warf Svenja ein.

„Ja, das stimmt auch. Die Lieferung von Gott macht sogar den Hauptanteil aus. Dennoch verschlingt alleine Hell City Unmengen an Strom. Tja, und als Beschäftigungsprogramm dient es zudem auch noch. Den Leuten würde sonst stinklangweilig vermutlich", musste Rufus etwas schmunzeln.

„Wo machen denn die Leute den Strom?", wollte wieder Leander wissen.

„Keine Sorge, ich zeige euch noch alles. Aber hier", deutete Rufus rund um sich, „hier ist jedenfalls das Zentrum. Wir werden aber weiter mit unserem Waggon fahren, auf diesem Wege sind wir nämlich ungestört. Den dürfen nämlich nur meine Mutter und ich bzw. jetzt wir vier benützen.

Rufus startete ihren kleinen Waggon neu, die Wägelchen-Frau musste vom Mann zähneknirschend und Blut leckend ablassen, und so fuhren sie weiter zu ihrer ersten Besichtigungsstation.

„Hier ist mein Lieblingsthemenpark!", deutete Rufus auf den noch einige hundert Meter vor ihnen liegenden Kai, an dem ein gigantisches Dampfschiff mit vier Schornsteinen, einer Länge von ca. 200 Metern und einer Breite von ca. 30 Metern, immer noch menschenleer, aber gut befestigt lag.

„Das ist unsere Titanic II", erklärte er weiter, während alle vier langsam ausstiegen und Richtung Schiff gingen, humpelten oder rannten. „Das ist natürlich alles ein Nachbau, darum heißt es ja auch unsere „Titanic II". Das Schiff startet samstags und sonntags ca. um 12 Uhr, läuft einige Kilometer aus dem Hafen auf das offene Meer hinaus, das dann noch auf ganze plus vier Grad Celsius gekühlt wird, um den richtigen Effekt zu haben. Unser Meer ist jedoch im Gegensatz zum echten Meer unendlich kleiner, aber das erkläre ich euch auch später einmal."

„Papa, wo fährt das Schiff denn hin?", fragten die Kinder neugierig.

„Das Schiff fährt einfach aufs Meer hinaus. Es hat kein bestimmtes Ziel, nur eine Bestimmung."

„Was macht es denn dann da?", wollte Leander wissen.

„Es wartet ein wenig, damit die Menschen, die auf dem Schiff sind, ausgiebig und in Ruhe feiern können."

„Wo ist denn der Haken an der ganzen Geschichte?", wollte nun auch seine Frau wissen und hielt Leander die Ohren zu, während sie ihrem Mann deutete, dasselbe bei Laurenz zu machen, der neben ihm stand.

„Der Haken ist bei allen Vergnügungsthemenparks gleich. Hier beginnt die Titanic etwa gegen 20 Uhr zu sinken, ganz im Gegensatz zur echten Titanic, die zwanzig Minuten vor Mitternacht erst gegen einen Eisberg gekracht ist. Unsere Titanic kracht ca. eine Stunde vor dem Sinken gegen einen eigens herbeigeschafften Eisberg, danach läuft es ca. 45 Minuten voll und fängt ganz rasch innerhalb einer Viertelstunde zu sinken an. Anders als bei der Original-Titanic, die außerdem zwei Stunden und vierzig Minuten Zeit bis zum Sinken hatte, wird niemand gerettet, schließlich gibt es nur ein einziges Rettungsboot aus Holz, die anderen 60 sind Attrappen aus Pappe. Es soll ja niemand den Untergang überleben, alle an Bord müssen das Sterbeszenario über sich ergehen lassen, bevor sie am nächsten Morgen um sieben Uhr früh wieder die Alten sind. Weil das Ertrinken so lange dauert und das Sterben hier besonders schlimm ist, dürfen sie sich daher umso länger, eben schon ab zwölf Uhr, betrinken und richtig gut essen. Wem es nicht zusagt, kann sich ja einen anderen Themenpark aussuchen. Pro Woche darf es ja eh nur ein Besuch sein."

„Nein, danke. Ertrinken müsste ich nicht haben. Die Titanic ist da nicht ziemlich leer?", wollte seine Frau wissen.

„Aber wo denkst du hin! Die ist meistens zuallererst ausgebucht. Die Leute hier sind ganz versessen auf die Gelage, aufs Tanzen, die Musik, das ganze edle, sehr elitäre Drumherum. Schließlich gibt es wie auf der echten Titanic ebenso einen Squashraum und einen beheizten Swimmingpool, falls jemand darauf noch Lust hat. Und wenn sie alle genug getrunken haben, bekommen sie meistens vom Sterben eh weniger mit. Die Titanic ist so beliebt, dass wir bereits überlegen, sie vielleicht auch freitags anzubieten und mit 2.300 statt nur mit 2.000 Leuten ausfahren zu lassen."

„Das müssen ja wirklich laute Irre sein!", seufzte Svenja und nahm die Hände von Leanders Ohren.

„Was habt ihr denn geredet?", wollte Leander wissen.

„Etwas, mein Mäuschen, das nicht für eure Ohren bestimmt war.

„Wann sehen wir denn die Stromerzeugung bzw. die Beschäftigungstherapie für die Menschen hier?", fragte Svenja.

„Das zeige ich euch allen noch. Alles der Reihe nach. Jetzt fahren wir weiter zu einem meiner Stiefbrüder", antwortete Rufus und lotste wieder alle zurück zum Waggon, um die nächste Station aufsuchen zu können.

„Wohin fahren wir denn, Papa?", wollte wiederum Laurenz wissen.

„Wir fahren jetzt zu Adolf, den unsere Mutter samt seinen Freunden in einen eigenen Themenpark gesteckt hat."

„Spinnst du jetzt?", zupfte Svenja ihren Mann am Ärmel. „Doch nicht etwa der Hitler?", flüsterte sie ihm ins Ohr.

„Doch, genau der. Keine Sorge, während der Fahrt hier mit dem Waggon verstehen die beiden eh nicht so viel", raunte er ihr ins Ohr zurück. „Adolf ist bei meiner Mama, genau wie ein paar andere ihrer Kinder, in Ungnade gefallen. Der Idiot hat auf der Erde bloß seine Mordgelüste ausgelebt, genau wie seine Freunde, ohne sich an die Anweisung von Mutti zu halten, Seelen zu akquirieren. Und anstatt die Menschen so weit zu verführen, dass sie ihm ihre Seele abtreten, hat der kranke Irre Millionen Menschen in den sicheren Himmel verfrachtet. Mutti war so böse auf ihn, dass sie ihn zuerst selbst eliminieren wollte, aber dann hat sie es sich überlegt und ihn und seine Spießgesellen in sein Konzentrationslager gesteckt. Und dort dürfen sich diese Narren jetzt sogar täglich gegenseitig vergasen."

„Von welchen Spießgesellen redest du denn? Meinst du etwa Himmler, Göbbels und dergleichen?"

„Ganz genau. Die ganze Freunderlpartie von Adolf. Dazu noch Mengele, Eichmann etc. Die ganze Bande, die an den Himmelsfahrtsverlusten für Mama schuld sind.

„Das ist sicher kein Ort für die Kinder. Fahr' bitte woanders hin. Außerdem bin ich auf einen Bruder von dir in dieser Art nicht interessiert. Dass er wiederum der Sohn deiner Mutter sein soll, wundert mich nun nicht wirklich", flüsterte sie weiter.

„Gut, wir lassen diese Station aus und fahren weiter zur „Französischen Revolution"."

„Ach, die heißt hier auch so?", staunte Svenja nicht schlecht.

„Klar. Hier heißt alles genauso wie die Originalschauplätze auch. Ist ja viel einfacher für die Hölleneinwohner, sich in Hell City zurecht zu finden."

Leander hatte sich von Mamas Händen über seinen Ohren befreit und zupfte nun seinen Vater am Ärmel: „Ich muss Lulu!"

„Was denn, jetzt?", fragte Rufus entsetzt. „Wir sitzen im Waggon, jetzt kannst du nicht zu einer Toilette gehen! Außerdem habe ich dir heute Mittag eine Windel hinein gegeben!"

„Ich mag aber nicht in die Windel hinein machen!", maulte Leander.

„Wozu habe ich dir dann die Windel drinnen gelassen?"

„Die brauche ich trotzdem!", bestand Leander darauf.

„Warte, Mäuschen, nur ein kleines bisschen durchhalten, gleich sind wir bei der nächsten Station", tröstete ihn die Mutter.

„Bitte, Papa, beeile dich mit dem Fahren!", flehte der Knirps jetzt.

„Wir sind bereits da!", freute sich Rufus fast, schnappte seinen Sohn, stieg aus dem Waggon, zog ihm die Unterhose und die Windel aus und stellte ihn an die nächste Wand.

„Hier soll ich Lulu machen?", fragte Leander ungläubig. „Hier gibt es kein Klo. Ich will mich hinsetzen!"

„Jetzt stell dich doch nicht so an! Du bist ein großer Bub!"

„Ich bin kein großer Bub!", weinte Leander bereits. „Ich kann hier nicht Lulu machen. Mama, hilf mir! Bitte trag' mich zur Toilette!", flehte er seine Mama an.

Svenja nahm den verheulten Leander mit ihrer Geh-Behinderung irgendwie hoch, wischte ihm die Tränen ab und fragte einfach Rufus: „Wo ist denn nun eine Toilette?", und humpelte bereits Richtung Stadtzentrum von Hell-City-Paris.

Rufus verdrehte die Augen, nahm Laurenz an die Hand und trottete etwas maulend, das sich nach „verfluchtes Mamasöhnchen" oder ähnlichem anhörte, hinter den beiden her. Svenja überhörte geflissentlich sein Gejammer und steuerte eine der öffentlichen und offensichtlich hypermodernen Toilettanlagen an, die so gar nicht ins Bild des alten und echten Paris von 1789 oder später passen wollten.

Nachdem Leander sich beruhigt und seine Blase entleert hatte, setzten alle vier ihren Weg zum Stätte des Grauen verbreitenden Platzes fort, an dem mehrere Guillotinen aufgestellt und bereit zum Köpferollen standen.

„Papa, was ist das?", wollte nun Laurenz wissen, während sich Leander, immer noch auf seinen Vater beleidigt, an seine Mutter anlehnte und das Gesicht tief in ihre Schulter vergrub, scheinbar nichts von allem hörend oder sehend.

„Das ist..." Weiter kam Rufus nicht, da traf ihn Svenjas scharfer Blick, woraufhin er sich eines Besseren besann und weitersprach: „...ein Marktplatz, wo gaaanz große Melonen in kleinere Teile geschnitten werden. Die Melonen sind so groß, dass sie ein Mensch alleine nicht essen, geschweige denn alleine tragen könnte. Darum muss man sie auseinanderschneiden."

Das war eine Erklärung, die zwar nicht gerade brillant war, die ihn aber vor heftigen Seiten- oder Boxhieben seiner Frau bewahrt hatten. Ihre Gesichtszüge entspannten sich, im Gegenteil, die Erklärung ließ sie sogar schmunzeln.

„Aber da ist doch niemand mit einer Melone", setzte Laurenz ungläubig nach.

„Markttag ist immer nur sonntags und heute ist erst Samstag."

Rufus seufzte innerlich, weil ihm bisher immer gerade noch rechtzeitig eine Ausrede für seine Kinder eingefallen war. Aber diese Fragen setzten ihm ein wenig zu, schließlich hatte er sich mit der Warum-Fragerei von Kindern bis zum heutigen Tag noch nie auseinandersetzen müssen.

„Mama, mir gefällt es hier nicht. Können wir wieder gehen?", verzog Leander bereits wieder sein Gesicht.

„Papa, ich muss aufs Klo!", zupfte Laurenz seinen Vater am Hosenbein.

„Schon wieder? Du warst doch gerade!"

„Das war Leander", rechtfertigte sich Laurenz.

„Das gibt es doch nicht! Wieso bist du denn erst nicht gegangen, als Leander auf die Toilette musste?", herrschte ihn Rufus an.

Nun war es Laurenz, der verzweifelt seine Mutter anblickte und weinerlich meinte: „Aber da musste ich doch noch nicht."

„Hast du deine Kinder nicht besser erzogen, dass das besser klappt?"

„Spinnst du? Was heißt hier „erzogen"? Du hast ja wirklich nicht einmal annähernd eine Ahnung von Kindern! Jeder normale Mensch weiß, dass Kinder sich das Klo gehen nicht „einteilen" können. Außerdem lernen sie gerade, von der Windel wegzukommen. Was denkst du denn? Dass das alles wie Zauberei funktioniert?", herrschte ihn seine Frau an, während der alte Zorn auf ihren Mann wie auf Kommando bereits wieder abrufbar war.

„Etwas überrascht über den Ausbruch seiner Frau und dem Wunsch, dieser Konfrontation möglichst gleich wieder aus dem Weg zu gehen, beschwichtigte er nun: „Wir gehen eh wieder den gleichen Weg zurück, wir sind sofort wieder bei der Toilette."

Laurenz war aber nun auch etwas beleidigt und nahm die zweite Hand seiner Mutter nun für sich in Anspruch, während Leander wieder bereit war, ein paar Schritte alleine zu gehen. Er zumindest brauchte die Hand seiner Mutter als Trost .

Rufus war sich eigentlich keiner Schuld bewusst, er glaubte eher, dass seine Frau die Kinder zu weich erzogen hatte. Sie hätten einer strengeren Hand bedurft, so wie er streng von seiner Mutter erzogen worden war, immer in der Gewissheit, bei Fehlern ihre Sanktionen am Leib spüren zu müssen. Was für ihn damals gut gewesen war, konnte doch heutzutage auch nicht verkehrt sein! Andererseits, so überlegte er, hatte er sich oft eine andere Mutter gewünscht. Hätte seine Mutter aber von diesem Wunsch nur annähernd etwas geahnt, wäre er mit Sicherheit nicht hier, sondern wäre im Heizkessel gelandet. Kurz schauderte es ihn, er wusste auch nicht, warum ihm das alles heute eingefallen war, zumal sich bereits ein leichtes Bauchgrimmen eingestellt hatte, dessen Ursache er überhaupt nicht einordnen konnte.

Wenig später saßen sie wieder in ihrem kleinen Wägelchen, mit dem sie sich die nächste Station ansehen wollten, und glücklicherweise übertönten wieder Fahrgeräusche und Fahrtwind das Gespräch zwischen Svenja und Rufus.

„Ich glaube nicht, dass Hell City und seine ganze Sterbeszenerie für die Kinder das Richtige ist", wandte Svenja nachdenklich ein.

„Mache dir keine Sorgen, die Jungs verstehen das alles sowieso nicht."

„Dass du dich da mal nicht täuschst", zweifelte sie wieder. „Was ist eigentlich wiederum der Reiz an der Französischen Revolution?"

„Das ist eigentlich auch eine unserer Hauptattraktionen, denn bis Mitternacht wird auch hier ordentlich gefeiert, wenn du verstehst, was ich meine", zwinkerte Rufus und kniff seine Frau in ihren Allerwertesten.

„Du meinst doch nicht etwa...", blickte sie sich rasch nach den Kindern um, und als sie sah, dass die beiden mit sich und den vielen Knöpfen und Schaltern am Waggon mehr als beschäftigt waren, fuhr sie, nun doch etwas neugierig geworden, fort: „...Orgien???"

„Mama, wo gibt es hier eine Orgel?", fragte Laurenz.

Sch..., nun hatten die beiden Kerle doch die Ohren auf Hundesensor eingestellt. Es war doch fast nicht möglich, bei dem Lärm etwas zu verstehen! Oder etwa doch?

„Ja, hier gibt es auch Orgeln, auch wenn es hier keine Kirchen gibt. In ganz Paris, im nachgebauten selbstverständlich, haben wir die Kirchen, auch Notre-Dame etc., eliminiert. Die braucht doch hier keiner", setzte Rufus schnell hinzu, um einer weiteren Diskussion oder einem bösen Blick von Svenja vorzukommen.

„Wo ist denn hier eine Orgel?", wollte auch Leander wissen.

„Die Orgel steht im Museum, dem Louvre. Den Louvre schaut sich aber hier eigentlich fast niemand an, denn die Menschen kommen ja nur zum – ähm – Melonen schneiden..."

Die Kinder verstanden irgendwie gar nichts, so eigenartig waren die Erklärungen, die immer mehr Fragen aufwarfen. Aber sie wussten ja bereits, dass ihr Vater nach zu vielen „Warums" das Antworten meist ganz einstellte.

Auf dem Weg zu ihrer nächsten Station, den Twin Towers, einer Miniausgabe mit nur 20 Stockwerken der ehemaligen Zwillingstürme in New York, verhielt sich die Verstärkung Rufus' rötlicher Gesichtsfarbe indirekt proportional zu seiner Redseligkeit. Je weniger er sprach, desto stärker wurde seine rötliche

Gesichtsfarbe und umso erschreckender war der Gesamteindruck, da Rufus dazu von Natur aus bereits mit rötlichem Haar- und Bartwuchs gesegnet war. Zudem schwitzte er so stark, dass ihm die Schweißperlen von der Nase höllenwärts tropften.

„Armer Papa, hast so Bauchweh?" Leander legte ihm seine Hand zur Kühlung oder Beruhigung auf die Stirn und versuchte ihm so zu helfen, Laurenz legte ihm eine Hand auf den krampfenden Bauch und bot ihm seinen mit Kirschkernen gefüllten Pinguin an: „Papa, du musst den Pinguin unter dein Hemd und auf den Bauch legen. Der wird dir helfen. Mir hilft der Pinguin immer, wenn ich Bauchweh habe!"

Besorgt fragte Leander: „Hast dir jetzt den Bauch gebrochen? Musst jetzt speibi? Ha?" Svenja musste trotz des Mitleids mit Rufus schallend über Leanders Fragen lachen.

Die Zwillinge kuschelten sich im Waggon ganz dicht an ihren Vater, da konnte Rufus nicht anders, er musste lächeln und drückte die beiden an sich. Mit zusammengebissenen Lippen stopfte er den angebotenen Pinguin unter sein Hemd und tröstete die beiden: „Es ist schon viel besser geworden. Danke euch beiden!" Liebevoll küsste er seine beiden Helfer auf die Stirn und kämpfte gegen die Krämpfe weiter an.

Seine Frau war über seine Reaktion gegenüber seinen Kindern ganz gerührt, so viel Gefühl hatte er noch nie gezeigt.

Die Twin Towers lagen nach einigen Minuten Fahrt vor ihren Augen. Sie boten zwar nur einen Bruchteil an Höhe der echten Twin Towers, aber hier unten in der Hölle wirkten sie dennoch monströs.

Staunend standen die beiden Kinder vor den Zwillingstürmen und waren natürlich neugierig: „Was ist denn das?"

„Das sind Zwillinge, wie ihr. Zwei Türme, die sich aufs Haar gleichen, nur dass es zwei gleiche Häuser sind und ihr Menschen."

„Welchen Sinn haben denn die zwei Türme hier?", wollte Svenja flüsternd wissen.

„Zwei meiner Brüder leiten diese Abteilung und organisieren Hubschrauberflüge in die Türme. Es melden sich leider nur Hobby-Piloten, aber keine Leute, die in den Türmen sein wollen, wenn alles nach dem Aufprall mit dem Hubschrauber einstürzt. Die Piloten müssten einerseits selbst die Bewohner der Türme für den Aufprall lukrieren und danach ein wenig Aufräumarbeit leisten. Das will sich anscheinend doch niemand antun. Die Twin Towers sind bereits fast zur Geisterstadt mutiert. Mutti ist immer wieder auf der Suche nach neuen Ideen für andere Attraktionen, denn die meisten von den schlecht gebuchten Events sind zur bloßen Beschäftigungstherapie für Muttis Kinder verkommen, die sonst zu nichts anderem taugen würden. Ich werde jedenfalls bald einige dieser Versorgungsposten für Mamas Lieblinge schließen müssen, weil der Stromverbrauch einfach zu hoch ist."

Nachdem die Bauchkrämpfe ihren Rhythmus verkürzt hatten, deutete Rufus seiner Frau und den Kindern, dass es Zeit zur Rückkehr nach Hause wäre.

Als sie zurück zur Station kamen, wo das Wägelchen auf die Abfahrt nach Hause wartete, fiel Svenja noch eine Frage ein: „Sag mal, mir ist aufgefallen, dass wir zu allen Themenparks heute immer rechter Hand von den Waggons ausgestiegen und weggegangen sind. Es befinden sich aber linker Hand im Abstand von wenigen Metern schätzungsweise -zigfach Türen. Was verbirgt sich denn hier dahinter?"

„Ach, das ist einfach erklärt. Kommt, ich zeige euch noch rasch dieses „Geheimnis", das eigentlich keines ist."

Sie gingen auf die angesprochene linke Seite zu und Rufus öffnete die erstbeste Tür. Vorsichtig, aber natürlich voller Neugier folgte ihm seine gesamte Familie.

„Das ist die Stromerzeugungsabteilung, von der ich euch erzählt habe", erklärte er und machte eine ausladende Handbewegung. „Die gesamte linke Seite, die sich kilometerweit, eigentlich sind es Hunderte Kilometer, erstreckt, dient zur Stromerzeugung. Das sieht jetzt so aus, als müsste der Strom reichen, dennoch verbrauchen wir immer noch viel zu viel, sodass wir von Gott und seiner Lieferung abhängig sind."

Die Zwillinge und Svenja betrachteten erstaunt die vielen Menschen, es mussten Tausende sein, die auf eigens angebrachten, fix auf dem Boden montierten Fahrrädern, die ihrem Hometrainer zu Hause ähnelten, strampelten und endlos schwitzten. Der Boden war von den Millionen Schweißtropfen bereits ganz rutschig.

„Die armen Menschen, warum treten die hier und schwitzen so?", wollte wieder Laurenz wissen.

„Diese Menschen arbeiten hier tagtäglich zehn Stunden, um unseren Strom zu produzieren. Lediglich einmal pro Woche bekommen sie Urlaub, also fast wie auf der Erde, entweder samstags oder sonntags, und dürfen dann nach Hell City fahren und einen der Themenparks besuchen."

„Das ist ja grausam!", war Svenja entsetzt.

„Was hast du denn gedacht?", schüttelte Rufus den Kopf über die Naivität seiner Frau. „Das ist hier schließlich die Hölle und kein Erholungsurlaub. Schließlich sind diese Menschen hier gelandet und nicht im Himmel. Die Leute hier haben sich dieses Leben hier VERDIENT, vergiss das nicht."

„Willst du mir damit sagen, dass hinter jeder dieser vielen Türen etwa genau das gleiche zu sehen ist, nämlich Menschen, die für die Stromerzeugung hier tatsächlich stundenlang in die Pedale treten?". Svenja konnte und wollte es immer noch nicht glauben.

„Exakt. Jetzt hast du es endlich erfasst. Dabei dachte ich, man könnte bei einer Akademikerin logisches Denken voraussetzen." Schön langsam war er ungeduldig und grantig und der ganzen Erklärungen überdrüssig worden, zumal ihm die Bauchschmerzen sehr zusetzten.

Er wandte sich um, er wollte heimfahren, daher ging er im Stechschritt in Richtung der Waggons fort. Den immer noch entsetzten Familienmitgliedern blieb somit nichts anderes übrig, als ihm zu folgen. Laurenz schloss die Tür hinter ihnen sorgfältig zu. Er konnte offene Türen nicht leiden.

Unterdessen in der Hölle bei Jo-Anna & Co...

Jo-Anna staunte nicht schlecht, als ein überaus freundlich-selig lächelnder Heinrich vor ihr stand.

„Was grinst du denn so einfältig?"

„Ich bin einfach nur glücklich, wieder einmal in deiner Nähe zu sein, meine liebste Jo-Anna! Wie lange sind wir schon nicht mehr zusammen gewesen und haben Köpfe rollen gespielt?"

„Geht es dir nicht gut? Was machst du überhaupt da?"

„Ich bin dein Diener, Jo-Anna, weißt du nicht mehr?", strahlte er sie weiter an.

„Du weißt genau, dass ich deine Dienste nicht mehr benötige. Ich bin immer nur auf der Suche nach neuen Männern. Du bist alt und gebraucht. Sieh zu, dass du wieder in dein Zimmer kommst, bevor dich hier noch irgendjemand sieht und denkt, wir hätten etwas miteinander zu schaffen!"

„Aber, liebste Jo-Anna, sei doch nicht so grausam", säuselte Heinrich, „du wirst doch wohl nicht vergessen haben, welche Freude dir mein extra großes Prachtstück immer bereitet hat."

„Papperlapapp! Solche Prachtstücke wie du es hast, gibt es in rauen Mengen. Aber du hast recht, es war trotz deiner enormen Duftwolke immer ein echtes Erlebnis", gab sie sich nun etwas versöhnlicher. „Aber mehr als ein lächerliches Mädchen hast du dennoch nicht zustande gebracht", fiel ihr noch rasch ein.

Ein wenig in seiner Ehre gekränkt, verschwand ein wenig der beseelte Gesichtsausdruck Heinrichs. „Ich weiß, „Bloody Mary" hat dich ein wenig enttäuscht. Aber du hast ja eh genügend Söhne. Sei trotzdem nicht immer so streng mit ihr", bat er seine ehemalige Gespielin um Gnade für sein Kind, Mary I. Tudor.

„'Bloody Mary' hat mir genügend Kummer gemacht! Sei unbesorgt, ich habe für sie in Hell City einen guten Posten gefunden. Sie darf mit zwei anderen Söhnen gemeinsam die Französische Revolution verwalten. Was habe ich mich geplagt, dass deine erste Ehefrau, Katharina von Aragon, nichts bemerkt hat, dass sie nur scheinschwanger war und wir beide ihr „Bloody Mary" gleich nach meiner Niederkunft untergejubelt hatten. Und deine andere Geliebte, diese Dumpfbacke, Anne Boleyn, hatte ja auch keinen blassen Schimmer, dass wir beide unter einer Decke gesteckt hatten und sie nur dazu benutzt hätten, ihr ebenso ein weiteres Kind von uns beiden unterzuschieben. Ach, irgendwie war das trotz allem eine schöne Zeit", schwärmte nun auch Jo-Anna, bis ihr wieder einfiel, dass sie Heinrich gar nicht erwartet hatte.

„So, nun genug der Schwärmerei über alte Zeiten! Ich habe genug zu tun, geh jetzt!"

„Lass' mich dir bitte zu Diensten sein. Egal was, befiel mir etwas und ich eile", bettelte Heinrich.

Jo-Anna ließ sich sein Angebot erst einmal durch den Kopf gehen.

14

Nachdem Papas Bauchschmerzen immer schlimmer geworden waren und wir alle bereits einen Regenschirm gebraucht hätten, weil von ihm die Schweißtropfen auf uns herunter spritzten, sind wir schlussendlich wieder in seine Wohnung zurückgekehrt, wo Mama uns allen schnell einige Brote schmierte, die fast alle Papa alleine verschlang und diese mit zwei Liter Wasser hinunter spülte. Komisches Bauchweh ist das, wenn wir Bauchweh haben, können wir nämlich nichts essen. Dennoch ging das Bauchwehgejammer von Papa wieder weiter, und so legte er sich in unser Bett, wo wir ihm ein wenig Platz machten. Weil Papa immer wieder so gestöhnt hat, konnten wir so schlecht einschlafen, aber Papa schlummerte zusammengerollt und mit Laurenz' Pinguin auf dem Bauch und Mamas kaltem Umschlag auf der Stirn selig dahin.

Und weil Mama auch auf ihrem Sofa im Wohnzimmer schlief, nahmen Laurenz und ich drei Fernbedienungen von Papa und drückten lustig herum. Langsam fuhr ein Fernseher aus der Wand, der sich lautlos einschaltete. Verzweifelt drückten wir weiter herum, aber wir konnten nur das verbotene Papa-Fernsehen anschauen, dafür schaltete sich dauernd eine Nachttischlampe aus und ein, das Bett drehte sich wie bei einem Karussell, aber viel zu langsam. Laurenz und ich stritten uns um die dritte Fernbedienung, als sich einige Kästen plötzlich zu drehen begannen und eine Geheimtür aufging. Alle drei Fernbedienungen ließen wir beide prompt fallen, leider brach bei einer davon der Deckel ab, und die Batterien fielen sofort heraus. Papa stöhnte kurz auf und drehte sich ein wenig, da waren wir aber schon durch die offene Tür verschwunden, die sich allerdings sofort hinter uns wieder schloss.

Laurenz und ich liefen den halbfinsteren Gang entlang, der nur ganz sanft alle paar Meter mit einem winzigen Licht beleuchtet wurde und gelangten in einen großen, sehr hohen Raum, in dem wieder diese alten Kästen, genau wie in Papas Büro, standen. Diese Kästen hatten aber statt der üblichen Regalböden stufenähnliche Regalböden, sodass sie wie Treppen wirkten. In den Regalen standen lauter kleine Kästchen aus Glas, in denen lauter kleine Kügelchen im winzigen Scheinwerferlicht schimmerten. Die Kügelchen sahen genau wie unsere Murmeln aus, mit denen wir im Holzlabyrinth spielten. Derjenige, der normalerweise die bunt schillernden Glasmurmeln ins Ziel brachte, ohne dass sie in die diversen Löcher fielen, durfte sie sich behalten. Laurenz hatte leider bis jetzt die meisten gewonnen, aber ich war ihm dicht auf den Fersen.

„Da sind ja noch viel mehr Murmeln!", schrie Laurenz auf und stürzte sich auf den ersten Kasten. Laurenz durfte nicht noch mehr Murmeln sammeln, das konnte ich doch nicht zulassen, so stürzte ich mich auf Laurenz, gab ihm einen Schubs und kletterte selbst hinauf. Die vielen glänzenden Schätze vor Augen, kletterte ich die Stufen hinauf, denn klarerweise leuchteten ganz oben die schönsten Murmeln.

Laurenz war vielleicht geschickt beim Labyrinth, aber ich kann besser klettern! Ich war schon fast ganz oben angelangt, da verlor ich beinahe den Halt, aber nur beinahe, denn ich hielt mich an einem der Griffe an. Leider klappte der aber herunter, ich baumelte in luftiger Höhe, mich immer noch fest am Griff anhaltend. Die Halterung der Klappe, an der der Griff montiert war, gab letztendlich trotz meines geringen Gewichtes aber nach, die Scharniere brachen ab und sämtliche Glaskästchen der oberen Etage rutschten vom Regalboden und prallten, direkt neben meinem Kopf vorbeifliegend, einige Sekunden später mit lautem Knall auf dem Boden auf, sodass die schönen Glasmurmeln herum kullerten und die meisten davon zerbrachen.

Ich hielt meinen Blick vor Schreck auf die schönen Murmeln gerichtet, konzentrierte mich später aber auf den Versuch des Abstiegs. Ich stieg mit den Füßen auf einen weiteren Griff eines der Fächer, dadurch ging auch dieses Fach auf, klappte den Deckel herunter, und schon polterte die nächste Ladung Glasmurmeln zu Boden und verteilten ihre Scherben über die ganze Bodenoberfläche, die bereits zentimeterhoch mit Glasmurmeln bedeckt war.

Laurenz hatte sich etwas vom Schrecken gefasst und versuchte meine Beine mit seiner Schulter abzustützen, während ich somit besseren Halt mit den Händen am nächsten unteren Griff fand, allerdings so, dass der Deckel ebenso herunter klappte und...

Schlussendlich hatte Laurenz mich mit aller Kraft und Unterstützung seines Rückens sicher zu Boden gleiten lassen, auf dem wir beide schließlich auf all den Glasmurmeln etwas ins

Rutschen kamen und stürzten. Während wir nach dem ganzen Krach und Chaos, das wir so nichtsahnend losgetreten hatten, lauthals lachen mussten, blieb uns dasselbe beinahe im Hals stecken, als wir unseren Vater, der statt seiner ganzen Röte, die er tagsüber ins Dunkelrote gleiten hatte lassen, nun eher einen grünlich verfärbten Schimmer im zornqeschwängerten Gesicht stehen hatte, wutentbrannt hereinstürmen – und auf den zerbrochen Murmeln ausrutschen – sahen. Nur auf den zerbrochenen konnte Papa ausrutschen, denn im Augenblick ihrer Befreiung aus den Regalen, fuhren aus den Murmeln Flügel heraus und begaben sich sofort in die Luft, sodass außer einem lebhaften Gesumme kaum mehr die Hand vor Augen zu sehen war.

Sein Wortschwall, der sich noch um einige Potenzen wütender, falls dies überhaupt im Bereich des Möglichen lag, über uns ergoss, und von dem wir einerseits wegen der Lautstärke und andererseits aufgrund fehlender Wortkenntnis nur Bruchstücke vernehmen konnten, enthielt etwas über „verflucht", „Bande", „Prügel" und „Seelen zerstören" inmitten mehrerer „Auwehs". Keiner von uns beiden wusste genau, was er meinte, aber dass er wütend war, entging uns irgendwie dann doch nicht.

Da Papa erst einmal eine Weile außer Gefecht gesetzt war, weil er bei seinen Aufstehversuchen ständig auf irgendwelchen Glasmurmeln erneut keinen Halt fand, liefen wir trotz der vielen herumfliegenden Murmeln umso rascher durch den Gang wieder zurück in sein Schlafzimmer, wo bereits Mama auf der Bettkante saß und auf uns wartete. Bis ins Schlafzimmer waren uns beängstigende Schwärme dieser seltsamen Glasmurmeln nachgeflogen. Wir stürzten uns heulend auf unsere Mama, in der Hoffnung, dass sie den Papa von uns fernhalten würde, bis er sich beruhigt hatte. Zum Glück hörte Papa, während sie uns ganz fest an sich drückte, nichts von ihrem unterdrückten Kichern, von dem sie annahm, dass wir wiederum nichts bemerkten. Wir wussten zwar nicht genau, warum sie das lustig fand, dass der Papa so wütend auf uns war, aber ich fand es sehr beruhigend, denn Papa schrie immer noch, diesmal etwas verständlicher, nämlich dass wir Glück hätten, bereits tot zu sein.

Mama fragte ihn zwar dann, was genau diese herumfliegenden Glasmurmeln zu bedeuten hätten und Papa erklärte ihr, beinahe wieder schreiend, die genaue Bedeutung, die wir aber wieder zu wenig verstanden. Wir hatten wirklich keine Ahnung, was er der Mama erklärt hat, aber wir umarmten ihn dann einfach und entschuldigten uns. Das irritierte ihn so sehr, dass er zu schreien aufhörte, sich völlig verdutzt wieder ins Bett legte, und wir uns etwas später sogar zu ihm kuscheln durften, ohne dass er irgendwelche unfreundlichen Worte für uns fand. Zur Sicherheit nahmen wir aber Mama trotz ihrer Schiene auch dazu.

Zu viert hatten wir noch nie im Bett gelegen, das war richtig schön!!

Endlich waren die Kinder eingeschlafen, Rufus und Svenja wollten noch eine Flasche Rotwein öffnen, dabei konnten sie auch gleich viel besser die Dinge besprechen, die für Kinderohren wenig geeignet waren. Unter anderem hatte Rufus noch einige Fragen an seine Frau, die ihren geplanten Auszug aus dem Haus betrafen, denn er hätte niemals mit dieser tatkräftigen Entschlussfreudigkeit von Svenja gerechnet. Viel zu sehr dachte er, dass sie ihn lieben würde, egal wie wenig er sich um sie und die Kinder kümmerte. Schließlich hatte er bei seiner Mutter auch nie derartige Gefühle der Liebe oder besser die Auswirkungen von mangelnder Liebe kennen gelernt. Er meinte es eigentlich nicht böse, aber er hatte unterschätzt, wie sehr ihn Svenja gebraucht hätte. Dadurch, dass sie ohnehin alles alleine erledigen musste, hatte sie aber so viel Stärke gewonnen, dass sie ein Leben ohne ihn genauso gut meistern würde, dessen war sie sich sicher, zumal sie darin von ihrer Familie und ihren Freunden bestärkt worden war.

„Ich verstehe immer noch nicht, warum du mich verlassen wolltest! Der Sex war doch gut, oder etwa nicht?", wollte er von ihr wissen, nachdem er ihr ein Glas Wein gereicht hatte und sie es sich beide auf dem Sofa bequem gemacht hatten.

„Das ist wieder typisch Mann", seufzte Svenja. „Ihr glaubt doch alle, dass sich alles immer mit Sex regeln lässt. Natürlich war der Sex gut. Aber er ist nicht das wichtigste. Viel wichtiger wäre mir einmal gewesen, dass du mit mir besprichst, was dich beschäftigt oder dass du mich an deinem Leben hättest teilhaben lassen. Alles hast du nur mit deiner Mutter besprochen, ich war nicht einmal vorhanden. Davon abgesehen, dass du dich sowieso nicht um die Kinder oder um meine Interessen oder Sorgen oder für sonst etwas in meinem oder der Kinder Leben interessiert hast, geschweige denn, dass du einen Cent für den Unterhalt deiner

Kinder hergegeben hättest."

„Das stimmt doch gar nicht. Immerhin habe ich dir und den Kindern ein Dach über dem Kopf geboten, zumal du Kinderbeihilfe bezogen hast. Was willst du denn noch? Und den Kinderwagen hat dir immerhin deine Firma bezahlt. Wieso hätte ich dir da Geld geben sollen? Du willst dir wohl eine goldene Nase mit den Kindern verdienen?"

„Ha! Eine goldene Nase? Ich glaube, ich höre nicht richtig!", lachte seine Frau wütend. „Was meinst du denn, wer für die Kinder bisher aufgekommen ist? Wieso müssten denn das Finanzamt und ich allein für die Kinder sorgen? Außerdem, verrate mir, wieso muss ich denn das Geld, das mir meine Firma freundlicherweise geschenkt hat, für die Anschaffung eines Zwillingswagens hernehmen, während du dir die Hände reibst, weil du dir etwas erspart hast. Wo bitte, war denn dein Anteil an den 3.000 Euro für die Grundausstattung der Kinder? Die habe ich alleine bezahlt!"

„Dreitausend Euro! Das kannst du jemand anderem erzählen. Für die paar Milchfläschchen? Die kosten wohl kaum so viel Geld! Was willst du denn noch? Ich hätte schließlich einmal für die Schulbildung der Kinder bezahlt!"

„Ja, wie lustig! Noch dazu jetzt willst du mir das erzählen, wo wir erstens eh bereits tot sind und du dir alles ersparst und zweitens willst du mir wohl noch erzählen, dass der Teufel Unterhalt für seine Kinder leistet!", winkte sie wütend ab und stampfte, soweit ihr das möglich war, auf dem Boden auf, während sie aufsprang.

„Hab dich nicht so wegen dem bisschen Geld. Ein paar Euro hast du eh von mir bekommen, nachdem ich mir genau ausgerechnet habe, dass das Geld vom Finanzamt für die Kinder locker reichen müsste, Mama hat schließlich auch bestätigt, dass man mit dem Geld vom Finanzamt locker drei Kinder durchbringen könnte, wenn man wollte, aber du bist ja eine Verschwenderin, das sagt sie auch."

Mehr brauchte Svenja nicht zu hören, denn allein mit dem Hinweis auf das Gerede seiner Mutter waren bei ihr wieder sämtliche Sicherungen gefallen, zu frisch waren die Verletzungen von den letzten bösen Wortmeldungen seiner Mutter, die der Frau ihres Sohnes jegliche Intelligenz absprach, ohne auch nur ansatzweise ihre eigene, die sogar in den Augen ihres Sohnes nicht existierte, in Betracht zu ziehen. Die dümmsten Leute werfen immer als erster den Stein auf andere, das wusste sie, dennoch hatten sie all die Beleidigungen getroffen, die sie immer, noch dazu verächtlich, richtiggehend auf Svenja hingespuckt hatte. Bevor sie auf das Teufelsweib, das sie also tatsächlich war, gestoßen war, hatte sie selten so bösartige Frauenbekanntschaften gemacht. Diese Frau war dann auch noch die Großmutter der Kinder geworden. Zu seinem Glück hatte Rufus – wohlweislich – ein Zusammentreffen mit seiner Mutter bis zur Geburt der Kinder vermieden. Hätte sie diese Unperson, die nun erst recht zur Persona non grata avanciert worden war, jemals früher zu Gesicht bekommen, sie hätte das Weite gesucht, Verliebtheit in Rufus hin oder her.

Rufus kannte seine Mutter nur allzu gut, um zu wissen, dass das, was ihm Svenja über die Wortentgleisungen seiner Mutter erzählt hatte, für bare Münze zu halten war. Da er sich aber auf keinen Fall irgendwie positionieren wollte, hielt er sich bei den Streitereien zwischen seiner Mutter und seiner Frau immer bedeckt und ließ sich zu keiner Antwort auf deren Erzählungen hinreißen, im Gegenteil, er schürte noch eher den Streit, indem er jeder „seiner" Frauen immer brühwarm weiter erzählte, was die andere gesagt hatte. So entzog er sich seiner eigenen Meinung dazu.

„Ach was, deine Mama, und du auch, ihr könnt mich mal kreuzweise!", ärgerte sich Sonja weiter, „ich wäre ja jetzt sowieso von euch frei geworden."

„Jetzt wohl nicht mehr", wollte Rufus beinahe sagen, aber nur beinahe, denn ausnahmsweise verkniff er sich diesen Satz, im Gegenteil, er ging seiner Frau nach, umarmte sie ganz sacht und sagte: „Es tut mir leid, dass alles so schief gelaufen ist."

„Hmpf", gab Svenja noch immer grantig von sich und setzte sich aufs Sofa zurück. „Und für die Kinder hattest du nie, weder zu Weihnachten noch zu ihrem Geburtstag, ein Geschenk übrig. Zumal mit der billigen Ausrede, sie würden eh noch nichts verstehen."

„Weihnachten geht mich nichts an, das wirst du ja jetzt wohl verstanden haben, das ist ein Fest für meinen Kollegen, aber nicht für mich. Mein Tag ist der 6. Juni um 6 Uhr und 6 Minuten."

„Na, da hast du dir ja, wie wir jetzt auch alle wissen, eh ein besonderes Geschenk gemacht!", ärgerte sich Svenja noch immer und drehte sich endgültig weg von ihrem Mann.

„Ich muss sowieso erst verdauen, was mit den Kindern und mir passiert ist, ganz abgesehen davon, dass ich den Teufel geheiratet habe, auch wenn mir jetzt erst klar wird, warum du damals so vehement gegen eine kirchliche Hochzeit warst. Je länger ich über alles nachdenke, umso klarer, aber auch umso verwirrender wird alles. Ich glaube, ich muss mich wieder schlafen legen."

„Okay, wir reden ein anderes Mal weiter", war der Teufel fast ein wenig beruhigt, dass sich die weiteren Anklagen auf einen anderen, hoffentlich noch sehr fernen Tag verschieben sollten. Er verspürte ein sehr seltsames, nie gekanntes Gefühl. Was konnte das bloß sein? Er empfand plötzlich eine ganz leise Zuneigung für seine Frau. Er streichelte kurz Svenjas Wange mit einem sachten Kuss und verschwand ins Schlafzimmer, wo er sich so selbstverständlich neben seine Kinder legte, als ob er dies immer schon gemacht hätte. Ihm war es auch ganz recht, dass Svenja zum Schlafen gedrängt hatte, sein Bauch tat immer noch sehr weh, trotz Pinguin-Hilfe. Er legte den Pinguin Laurenz später in die Arme zurück, denn dieser würde ihn beim Aufwachen sicher vermissen.

15

Unterdessen im Himmel...

Petrus wollte sich eigentlich vor lauter Neugierde keine Sekunde vom Bildschirm entfernen, so sehr bannte ihn einerseits die Sorge um die Kinder an die Verfolgung der Ereignisse in der Hölle, andererseits belustigten ihn des Teufels Entzugserscheinungen. Da er aber doch einmal müde geworden war, zeichnete er das Geschehen auf und schaute es sich gleich am nächsten Vormittag an.

Gespannt beobachtete er, wo der Teufel seine gesammelten Seelen, die ein überraschend einfaches Aussehen hatten, aufbewahrte. Dass die Kinder sie mit ihren bunten Glasmurmeln verglichen und auch nicht den wahren und besonderen Wert dieser kugelförmigen Seelen erkennen konnten, erstaunte ihn nicht im Geringsten.

Da bisher niemand den Verbleib der Seelen, die Rufus im Auftrag seiner Mutter zu Tausenden gesammelt hatte, ahnte, war diese Entdeckung für ihn weitaus interessanter als Einsteins E=m2, somit piepste er Gott an, dass er sofort in die Überwachungszentrale kommen möge.

Gott saß bereits bei seiner täglichen Vormittagsaudienz, zu der sich wie immer viele Leute angestellt hatten. Zu seiner Sprechstunde hatte sich wieder einmal auch sein Sohn eingefunden, der von seinen vielen treuen Anhängern stets in der Reihe vorgelassen worden war.

„Hallo, mein Sohn! Das freut mich sehr, dich wieder einmal in meiner Audienz begrüßen zu dürfen. Aber wie siehst du denn aus?"

Jesus überlegte kurz, was sein Vater meinen könnte, denn er kam wie üblich mit weißem Poloshirt und weißen, sehr eng geschnittenen, seinen knackigen Allerwertesten vollendend präsentierenden Bermudashorts und in seinen Lieblings-Zehensandalen, die von den Mode-Plagiatioren im 2. und im 3. Jahrtausend selbst auf der Erde liebevoll den Namen „Jesus-Latschen" erhalten hatten. Jesus meinte daher, es könne sich nur um seine heutige zu Dutzenden Zöpfchen geflochtenen Bart- und

Haarpracht handeln. Zärtlich zupfte er an seinem Rasta-Bärtchen herum und antwortete: „Da staunst du? Allein zehn Kinder meiner Gruppe haben sich heute um das Zöpfchen-Flechten beinahe gestritten. Sie hatten diese tolle Idee. Gefällt es dir?", fragte er Gott mit unschuldiger Miene, wohl wissend, dass Gott einen total konträren Geschmackssinn als er hatte.

„Es geht."

„Schrecklich sieht er aus", dachte er bei sich, sagte jedoch: „ Aber wenn es die Kinder gemacht haben, dann musst du es wohl mit einer Extraportion Freude zur Schau stellen", lenkte Gott nun sanft ein.

Jesus hatte hier im Jenseits auf Anraten seines Psychotherapeuten, des bekannten österreichischen Psychoanalytiker Sigmund Freud, die Position als Kindergärtner eingenommen. Professor Sigmund Freud hatte ihm nachhaltige Probleme wegen des Verlustes seiner Kindheit durch allzu frühes Erwachsenwerden attestiert und sowie eine posttraumatische Störung durch die Kreuzigung, den Verrat seines Freundes sowie ein gestörtes Vater-Sohn-Verhältnis durch die Weigerung des Vaters, ihm am Kreuze zu helfen. Eine Beschäftigung als Kindergartengärtner wäre daher die einzige Möglichkeit, die verlorene Spielfreude nachholen zu können, riet ihm der Professor. Unter den Menschen im 3. Jahrtausend hieße das jetzt Kindergartenpädagoge, und Jesus hätte seine Ausbildung wohl mit einem Bachelor-Grad abgeschlossen. Hier aber wusste man davon noch nichts, daher arbeitete Jesus mit dem gesunden Menschenverstand, der ihn den Kindern aber nicht so nahe brachte, wie seine sehr nach kindgerechtem Spiel ausgehungerte Seele, die er mit den Kindern nun völlig legitim ausheilen konnte. Um seinen Schützlingen aber alle erdenkliche Freude und um ihren Spaß zu gewährleisten, bat er seinen Vater häufiger um neue Spielsachen, neue Abenteuerplätze für die Größeren und genügend Räumlichkeiten für private Rückzugsmöglichkeiten der ihm anvertrauten Lieblinge.

Jesus wollte also seine Bitte gerade vorbringen, als Gott vor lauter Schreck, weil sein Piepser in der Brusttasche seiner Kutte auf- und ab zu hüpfen begonnen hatte, aufsprang und seinen Sohn einfach mit den Worten: „Komme gleich zurück!" stehen ließ und sich auf den nächstbesten Segway-Roller schwang.

Gott hastete also leicht außer Atem in die Überwachungszentrale. Außer Atem, weil so einen Segway-Roller in der Vertikalen halbwegs stabil zu halten, ist für Ungeübte sehr wohl anstrengend. Da sprudelte es aus Petrus sogleich heraus: „Stell' dir vor, die Kinder haben Rufus' Geheimkammer mit den Seelen entdeckt und einige hundert oder tausend Stück davon befreit!!!"

Gott musste sich direkt in den nächstbesten Stuhl plumpsen lassen, denn so eine Neuigkeit von enormer Tragweite konnte selbst ihn noch so in Erstaunen versetzen, dass die Beine wie sediert in sich zusammenzusacken drohten. Um diesem Umstand vorzubeugen, musste sogar solch eine Persönlichkeit wie Gott seinem Körper gehorchen.

„Wie haben denn die Kinder DAS geschafft?", staunte er nicht schlecht.

„Rufus hatte sich durch die Beschwerden, die die Entzugserscheinungen von der fehlenden Mama-Kost hervorriefen, schlafen legen müssen, und die Zwillinge haben mit seinen Fernbedienungen herumgespielt. So lange, bis plötzlich Rufus' Geheimtür aufging. Die zwei haben sich natürlich sofort auf Erkundungstour begeben und haben die Schränke entdeckt, wo er die ganzen Seelen gesammelt und offenbar zwischengelagert hat. Durch Leanders Kletterei auf die Kästen wurden einige Schranktüren demoliert, woraufhin Hunderte oder eher Tausende von Seelen heraus gekullert sind, manche sind sogar zerbrochen." Während Petrus den Ablauf genauestens berichtete, musste er sich immer mehr das schallende Lachen verkneifen: „…und dann kam Rufus, so wütend wie sonst nur Jo-Anna, allerdings mit ziemlich grünstichiger Gesichtsfarbe, hereingestürzt." Das Wort „hereingestürzt" konnte er kaum noch deutlich artikulieren, denn da prustete er bereits los: „Rufus – hahahaaaaaaaa – ihihiihissssssst – hahahahahaaaa – ihist – haahahhahaaaa – ist über – hahahahaaa – über die – hahahhahaaa – Seeeheehelen – hahahahaaa – gestohohoholpert – uhuhund – hihihihihin – gefahahaahallen."

Endlos lange hat es gedauert. Nun war der Satz endlich heraußen. Gott hatte sich direkt hin zu Petrus beugen müssen, um diesem Gestammel und Gepruste einen sinnvollen Satz entnehmen zu können, allerdings nicht ohne ein Grinsen auf sein Gesicht gezaubert zu bekommen. Viel zu komisch sah Petrus' Beschreibung der Szene in Gottes Vorstellungskraft aus, selbst einem Gott ist offenbar gutes Kopfkino nicht fremd. Ein Teufel, der bereits wütend in sein Geheimzimmer gestürzt kam, um dann ausgerechnet auf „seinen" gesammelten Seelen zu stolpern und auf dem eigenen Hosenboden zu landen, weil die Beine unter der Seelenlast nachgegeben hatten, sah selbst in Gottes Vision zum Zerkugeln aus.

Etwas ernster fragte er aber bei Petrus nach: „Ich hoffe, er hat den Kindern dennoch kein Haar gekrümmt!"

„Nein, einerseits ist Rufus viel zu flau im Magen gewesen, und außerdem traute er sich neben Svenja sowieso nicht, den Kindern etwas anzutun. Mag auch sein, dass er sehr wohl auch im Hinterkopf deine Anweisung hatte, unter allen Umständen auf die Kinder achtzugeben. Völlig entgegen seiner teuflischen Natur hat er bloß den Geheimgang wieder abgeschlossen, nicht einmal um die Seelenhüllen, die noch herumlagen, hat er sich gekümmert. Er hat sich einfach keppelnd wieder ins Bett gelegt, neben seine Frau und die Kinder! Ganz so, als ob überhaupt nichts passiert wäre. Verstehst du das?", fragte Petrus etwas ratlos Gott.

„Ich weiß es auch nicht genau. Aber einerseits ist er ja ein riesengroßer Hypochonder, die Entzugserscheinungen werden ihm nun schwer zu schaffen machen und andererseits wird er sich vielleicht gedacht haben, dass es eh inzwischen egal wäre. Denn wenn die Seelen aus seinen Kästen heraus gepurzelt sind, wären sie sowieso für ihn verloren, da sie sich sofort mit ihren Besitzern himmelwärts verflüchtigen würden. Wir können uns jedenfalls darauf gefasst machen, dass wir neue Gäste bekommen. All diese Seelen werden sich ja nun ihre Eigentümer wieder suchen, und diese werden, sobald der Aufzug wieder in Gang ist, zu uns herauf kommen. Ich kann Rufus irgendwie verstehen. Was soll er sich noch ans Aufräumen machen, wenn diese Seelen sich eh bereits verflüchtigt haben. Viel größere Sorgen wird ihm bereiten, wie er dieses Unglück seiner Mutter beichten soll, und da beneide ich ihn nicht, denn nun hat er, wie so viele seiner Geschwister vor ihm, bereits sicher geglaubte Seelen verschlampt. Jo-Anna würde ich nicht begegnen wollen, wenn sie über diese Nachricht informiert wird."

Petrus hatte zum Glück das Jahrhundertereignis gespeichert, so konnten sich Gott und er die ganze Szene noch einmal und um ein Vielfaches vergrößert ansehen. So viel konnten sie erkennen, Leander hatte Hunderte, wenn nicht gar Tausende Seelen mit den

Anfangsbuchstaben „R" und „S" im Nachnamen gerettet. Diese befreiten Seelen machten sich auf den Weg durch die Luftschächte zu ihren rechtmäßigen Besitzern. Aber auch die zerbrochenen Seelen durfte Rufus ja nicht mehr behalten, denn auch diese musste er laut einer Vereinbarung mit Gott den ursprünglichen Eigentümern retournieren und in Freiheit ziehen lassen, denn selbst eine zerbrochene Seele ist immer noch wertvoller, als keine Seele mehr zu besitzen.

Sonntag, 05. Juni 2011

Die letzte Nacht wurde Rufus nur noch zweimal von seinen Kindern geweckt. Beide wurden einmal wach und weckten ihren Vater, weil sie Lulu gehen mussten. Rufus war darüber sehr wenig begeistert, musste er doch wieder die Windeln entfernen, die beiden auf das Klobrett setzen, den Penis der Kinder ins Klo halten, wenn er nicht „geduscht" werden wollte, danach, um Beschwerden der kleinen Männer abzuwehren, die Windeln wieder fixieren und die beiden ins Bett tragen. Der Rufus, der zu Hause früher den coolen Herrn Doktor überrepräsentiert hatte, der sich zu fein war fürs Windeln wechseln, den gab es hier plötzlich nicht mehr. Die Wandlung war für seine Frau dermaßen seltsam, wurde von ihr aber in höchstem Maße goutiert. So sehr, dass sie ihm dafür tatkräftig beim Waschen, Ankleiden, Zähne putzen der Kinder und Frühstück zubereiten half, zumal ihr seine heute etwas grünliche Gesichtsfärbung Sorgen bereitete. Die beiden boten beinahe das Bild eines sehr gut eingespielten Teams, wenn man die zwei, ihre Beziehung und die näheren Umstände nicht kennen würde.

Die Kinder saßen erwartungsfroh bei Tisch und feuerten ihre Eltern an, Tempo zuzulegen, denn hungrig waren sie auf jeden Fall, aber auch auf Familie.

Nach dem erneut sehr nach Familie schmeckenden Frühstück – die Kinder waren so wenig aufgekratzt wie selten, weil sie das Beisammensein zu viert einfach zu sehr genossen hatten –, wollten sie von Rufus das Programm für den Nachmittag erfahren: „Papa, was sehen wir uns denn heute an?", waren sie ganz gespannt.

„Heute zeige ich euch die anderen Themenparks in Hell City. Hmmm, lasst mich mal überlegen, was ich euch gestern noch nicht gezeigt habe."

Rufus' Frau war bereits wieder auf dem Sprung, um den Kindern bei etwaigen unpassenden Details sofort wieder die Ohren zuzuhalten oder ihrem Mann mit einem strengen Blick von weitreichenderen Details abzuhalten.

Der Teufel beachtete ihre Anspannung keineswegs, zu sehr war er ins Nachdenken vertieft.

„Also, da wären zum einen der „Londoner Brand von 1666", zum anderen die „Hexenjagd" mit anschließender Verbrennung aller Beteiligten – die beiden Themenparks sind ähnlich, wobei der zweite ausschließlich weiblichen Gästen vorbehalten ist. Weiters gibt es natürlich Ritterspiele, wiederum nur für Männer, und die Spezialabteilungen für Andersgläubige."

Svenja wurde hellhörig. „Was heißt denn das? Für Andersgläubige?"

„Denk doch mal nach", klang es wieder gereizt vom gegenüberliegenden Platz bei Tisch zu ihr herüber. „Was würde denn mit jenen geschehen, die nicht an „deinen" Gott glauben und dennoch hier in der Hölle landen? Die meisten nehmen eh an der Titanic oder an den Ritterspielen oder so teil, aber es gibt genügend Hölleneinwohner, die etwas Eigenes fordern. Daher gibt es pro Religion einen eigenen Themenpark. Aber glaub mir, die interessieren euch Christen nicht. Wir sehen uns heute nur die ersten drei an, von denen ich erzählt habe."

„Wie macht ihr das eigentlich, dass diejenigen, die sich verbrennen lassen, am nächsten Morgen wieder heil sind? Der Körper wäre ja völlig zerstört", wollte Svenja wieder ganz genau wissen.

„Ganz einfach. Sie verbrennen nicht wirklich. Wir haben hier ein besonderes Mittel erfunden. Die Haut, der gesamte Körper, wird damit eingesprüht, sobald die Teilnehmer beim Themenpark-Eingang durch eine Schleuse gehen. Das Feuer kann dem Körper auf diese Weise nichts anhaben, aber die Hitze und die Schmerzen fühlen sich so echt an, dass die Leute alleine deswegen schon sterben. Sollte dies jemand wider Erwarten überleben, der stirbt später sowieso an der Rauchgasvergiftung."

Die Zwillinge mussten sich erneut unter den ihre Ohren zuhaltenden Händen durchwinden und waren etwas zornig, wieder einmal das Interessanteste an der Unterhaltung ihrer Eltern nur zum Teil verstanden zu haben. Daher war für sie das Frühstück beendet, sie wollten spielen und verließen den Tisch.

Rufus tat es ihnen kurz darauf gleich, er musste sowieso etwas in seinem Büro erledigen. Da er aber, wie sonst auch, darüber keinerlei Bericht erstatten wollte, was er denn dort zu erledigen hätte und seine Frau die Fragen danach bereits seit Monaten eingestellt hatte aufgrund der Vergeblichkeit des Erhalts einer Antwort, ging Rufus in sein Büro. Svenja wollte sich zumindest ein wenig frisch machen und danach mühsam die Überreste des morgendlichen Essens, das sie genau wie die Kinder sehr entspannt und fast freudig eingenommen hatte, beseitigen. Sie reichte den Kindern lose Blätter eines Blockes und diverse zu Malstiften umfunktionierte Kugelschreiber mit dem Hinweis, sie befände sich nur kurz im Bad und Papa wäre nebenan im Büro zu finden und begab sich rasch unter die Dusche. Kurz betraf allerdings nur ihr Zeitgefühl, denn bis sie sich von der Knieschiene befreit, geduscht und dieselbe Schiene sowie ein frisches, von anderen Höllenbewohnerinnen gespendetes Kleid wieder angelegt hatte, vergingen doch etliche Minuten.

Als sie von ihrer Vormittagspflege zurückkam, waren die Kinder verschwunden, und die Tür zum Büro ihres Mannes einen Spalt breit geöffnet. Sie nahm daher – ob zu Recht oder nicht, sei jetzt dahin gestellt – an, dass die Kinder bei ihrem Mann wären. Ihr Mann wiederum nahm an, die Kinder wären immer noch bei seiner Frau, ob die Bürotür nun angelehnt war oder nicht, und suchte im Internet nach Antworten auf diverse, für ihn neu aufgetauchte Fragen, die ihn sogar bis in den Schlaf heimgesucht hatten.

Die Zwillinge hatten sich währenddessen leise an der Haustür zu schaffen gemacht, die sogar nach kurzer Zeit der Manipulation nachgab und aufsprang. Viel zu groß war die Abenteuerlust der beiden Höllenprinzen, und so liefen sie klammheimlich davon, in die gleiche Richtung, die sie vom Ausflug nach Hell City am Vortag noch genau in Erinnerung hatten.

Svenja humpelte nun, nachdem sie die Bürotür leise geschlossen hatte, dem aufgestapelten und auf tatkräftige Frauenhände wartenden Geschirr entgegen, als es sachte an der Haustüre klopfte. Sie war etwas erstaunt, denn mit Besuch rechnete sie im Grunde nicht.

Nach dem Öffnen der Tür erblickte sie einen etwas älteren, sehr distinguiert aussehenden Herrn, der sich ihr auch gleich vorstellte: „Guten Tag, Sie sind also Svenja?", hob der freundlich lächelnde Mann an und fuhr fort: „Verzeihung, ich habe mich noch nicht vorgestellt. Ich bin Ihr Schwiegervater sozusagen, mein Name ist Gerwin Roloff, der Vater von Rufus."

Svenja musste sich beinahe hinsetzen, so überrascht war sie von der Ankündigung dieses Fremden. Noch dazu wusste sie nicht, ob sie dem Mann Glauben schenken sollte, denn der Name von Rufus' Vater, geschweige denn dessen Existenz wurden ja vehement verschwiegen. Sowohl von Rufus als auch von dessen Mutter Jo-Anna.

„Ich habe leider noch nie von Ihnen gehört", meinte daher auch Svenja wahrheitsgemäß, immer noch im Zwiespalt, ob dieser Mann tatsächlich der Großvater ihrer Zwillinge sein könnte, nach dem sie bereits des Öfteren gefragt und genauso oft auch keine Antwort erhalten hatte.

„Das wundert mich im Grunde nicht wirklich. Jo-Anna hat mich, nachdem sie Rufus zur Welt gebracht hatte, wie Sondermüll entsorgt. Rufus weiß überhaupt nichts von meiner Existenz. Jo-Anna hat es wunderbar verstanden, ihn so auf ihre Seite zu ziehen, dass er es gar nicht mehr wagen würde, sie nach mir zu fragen. Der arme Bub kann nichts dafür", erklärte er, Rufus entschuldigend.

„Bitte, kommen Sie herein", bat nun Svenja, während sie einen Blick nach draußen warf, ob sie den Gast unbemerkt eintreten lassen könnte, denn ihre Neugierde war jetzt restlos geweckt. Viel zu viele Fragen ohne Antworten hatten sich in Bezug auf diesen Mann ergeben.

Svenja ließ nun Geschirr Geschirr sein und bat den Gast zum Esszimmertisch, auf dem sie ihm einen Kaffee servierte und gespannt auf seinen Bericht wartete.

„Warum sind Sie eigentlich erst jetzt aufgetaucht?", wunderte sie sich jetzt plötzlich.

„Wissen Sie, heute Morgen tauchten plötzlich, über die ganze Hölle verstreut, Schwärme mit befreiten Seelen auf. Ich glaube, es tauchen immer noch einige Schwärme auf, denn die Suche nach ihren Besitzern dauert bei manchen Seelen etwas länger. Und stellen Sie sich vor, etwas, das ich nie für möglich gehalten hatte, ist eingetreten, denn Jo-Anna hätte wohl nie freiwillig meine Seele freigelassen, meine Seele war ebenso dabei. Ich bin jetzt ein freier Mann und darf, wann immer ich will, nach oben zu meiner rechtmäßigen Frau, falls die mich überhaupt noch sehen will", sagte Herr Roloff nun ganz bedrückt und mit einem schlechten Gewissen, das er wie eine Fahne einige Meter vor sich, für alle sichtbar, hertrug.

„Ich glaube, Sie sollten, oder darf ich dich beim Vornamen nennen, besser von Anfang an berichten", meinte Svenja und legte ihm beruhigend ihre rechte Hand auf seinen Arm.

Das Angebot bejahend und ebenso vertrauensvoll blickte er in ihr freundlich-aufmerksames Gesicht und berichtete weiter:

„Ich war vor vielen Jahren ein angesehener Professor der Quantenphysik und auf dem gesamten Globus ein sehr bekannter Forscher, zudem war ich glücklich verheiratet mit der liebevollsten Frau, die sich ein Mann nur wünschen kann, mit Sigrun Roloff, einer bekannten Kinderbuchautorin. Leider ist unsere Ehe, trotz meines sehnlichen Wunsches nach einem Stammhalter kinderlos geblieben. Dennoch liebten Sigrun und ich uns wie am ersten Tag.

Weil meine Frau und ich beruflich sehr eingespannt waren, hatte ich eine Haushälterin engagiert. Du ahnst es vielleicht, es war Jo-Anna. Damals sah sie allerdings aus wie der Traum eines jeden Mannes, zart, an gewissen Stellen üppig gebaut und ein devotes, hilfreiches und liebevolles Wesen konnte sie ihr eigen nennen. Was ich oder wir nicht wussten, waren die Umstände, wie sie sich dieses Wesen, das sie ja beileibe nicht ist, aufrecht erhalten konnte, eben so lange, bis sie mich erfolgreich um den Finger gewickelt hatte. Aber dazu später.

Meine Frau war natürlich dagegen, sie einzustellen, aber da ich für Jo-Anna eine starke Hingebung verspürte, wischte ich alle Bedenken Sigruns beiseite.

Jo-Anna „kümmerte" sich zuerst nur um den Haushalt, später, als meine Frau erkrankte und es ihr immer schlechter ging, auch um sie. Sie pflegte sie zu Tode, nachdem sie sie über Monate hinweg schleichend vergiftet hatte. Ich Hornochse habe das nicht erkannt, und zudem Jo-Anna die Pflege meiner armen Frau überlassen. Sigrun und ich hatten vorher nie bemerkt, was Jo-Anna im Schilde führte und ihr immer mehr freie Hand gelassen. Sigrun hatte ursprünglich nur ein vages Gefühl, das Jo-Anna kurzfristig mit äußerster Fürsorge im Keim erstickte.

Streng genommen habe ich Jo-Anna meine Frau töten lassen und vor lauter Blindheit und sexueller Hingabe zu Jo-Anna und ihren Reizen die Liebe zu meiner Frau vergessen. Meine größte Verfehlung war, dass ich Jo-Annas Reizen, die dann auch noch bei uns eingezogen war, irgendwann völlig erlegen bin und mich in ihrer wogenden Üppigkeit total vergaß. Sie hatte es sogar so eingerichtet, dass meine Frau, die zuletzt nur noch mit den Augenlidern mit uns kommunizieren konnte, aber sehr wohl die Vorgänge im Haus mitbekommen hatte, unsere sexuellen Abenteuer auch noch mit anhören musste.

Als Jo-Anna endlich schwanger mit Rufus war, erlöste sie meine Frau von deren Qualen und heiratete mich anschließend so schnell wie möglich, um sich auch noch unsere irdischen Güter nebst allem anderen zu sichern. Ihr Sohn sollte, so auch ihr Wunsch, hoffentlich gesegnet sein mit meiner Intelligenz, sie besitzt ja außer ihrer Bosheit und Niedertracht weder Intelligenz noch irgendeine andere Qualifikation. Er sollte schließlich der Herrscher oder ihr Manager hier werden."

Gerwin musste eine Verschnaufpause machen, so sehr hatte ihn der demütigende Bericht seines Verrats an seiner ehemals großen Liebe Sigrun mitgenommen.

Svenja war zwar gespannt auf seinen weiteren Bericht, aber eine Frage beschäftigte sie noch zu seiner Andeutung, dass sich Jo-Anna ein sehr ansprechendes Äußeres zugelegt haben sollte. Sie konnte sich das beim besten Willen kaum vorstellen, wie aus einer hässlichen Jo-Anna eine Sexbombe hätte werden können: „Was hast du denn gemeint, als du erwähntest, dass Jo-Anna sich in eine schöne Frau verwandelt hätte? Welche Umstände meinst du denn?"

„Nun, Jo-Anna – und das habe ich erst viel später erfahren – hat sich ständig am Blut anderer schwangerer Frauen und deren ungeborener Kinder delektiert. Sie hat sie gefangen genommen, so lange das Nabelschnurblut abgepumpt und getrunken, bis Mutter und Kind an dem Blutverlust gestorben sind. Danach hat sie die nächste werdende Mutter in Geiselhaft genommen. Nur so konnte sie ihr weibliches, sehr hübsches Aussehen aufrecht erhalten und mich so lange in ihren Bann ziehen, wie sie es für nötig befunden hatte. Nach der Geburt von Rufus und somit ihrem getreuen Erben hatte sie ihren Blutdurst gestillt und präsentierte mir kurz danach ihr wahres Aussehen, nämlich das, das du auch kennst. Niemand würde dieser Frau je nachlaufen, das wusste sie damals schon und dessen ist sie sich sicher auch heute noch bewusst. Hämisch und voller Freude hat sie mir ihre diversen Aktionen berichtet und mir gleich noch mitgeteilt, dass ich im Falle meines Ablebens, zu dessen Herbeiführung sie selbst aber zu faul und zu desinteressiert an mir war, in der Hölle, in ihrem Herrschaftsbereich landen würde. Es hätte also auch keinen Sinn gehabt, mir aufgrund meiner Schuldgefühle das Leben zu nehmen, denn das hatte sie sowieso bereits erledigt. Sie hatte mich meiner lieben Sigrun, meiner Integrität, meiner Ehre, meines Reichtums und zu guter Letzt meiner Seele beraubt und mich bis zu meinem Tod im Jahr 1981 allein dahinvegetieren lassen. Sie hat mit Rufus kurz nach seiner Geburt das Weite gesucht, als sicher gestellt war, dass er der alleinige Erbe meines Vermögens sein würde. Das musste ich in einem Testament festhalten, das sie sofort an sich gerissen hat.

Als ich hierher kam, war ich immer noch so weit für sie von Desinteresse, dass sie mich zumindest hier in Ruhe gelassen hat – ja, bis ich heute meine Seele und somit meine Freiheit wieder erhalten habe. Dass sie mich nach unserer Heirat und ihrer Sicherung meines Vermögens töten hätte wollen, von diesem Gedanken ließ sie damals ebenfalls wieder ab, da sie bei ihren Untertanen bereits den Kosenamen Gottesanbeterin hatte. Der Name entstand, weil sie früher alle ihre Liebhaber „entsorgte", indem sie sie kurzerhand auffraß. Aber durch diese Aktion hat sie deren Seelen insofern gerettet, dass sie die Mordopfer dadurch sofort in Gottes Hände legte, was nun auch wieder nicht in ihrem Sinne lag. Sie hat daraufhin diese Eigenart der Befruchtung samt anschließender Verspeisung an das heute bekannte Tier mit dem gleichen Namen übertragen."

„Das ist ja eine sehr spektakuläre Geschichte, und wenn ich bedenke, dass du so der Vater von Rufus geworden bist! Ich weiß gar nicht, was ich im Moment dazu sagen soll, ich glaube, ich muss das Ganze erst einmal richtig verarbeiten", schüttelte Svenja immer noch den Kopf.

„Eigentlich bin ich heute gekommen, um meinen Sohn Rufus kennen zu lernen und falls es möglich ist, auch eure beiden Kinder, meine Enkelkinder, wie auch immer ich zu diesem Nachwuchs auch gekommen sein mag, falls dir das recht wäre. Ich habe erst gestern von anderen Hölleneinwohnern erfahren, dass Rufus' Kinder und du hier seid. Bis dato hatte ich ja gar keine Ahnung, dass Rufus verheiratet ist und bereits Kinder hat. Ich hätte nie für möglich gehalten, dass ihm Jo-Anna so etwas überhaupt genehmigt."

„Ja, sicher darfst du. Die beiden haben ja zu Lebzeiten immer von einem Opa geträumt, durften aber keine Fragen über den Vater von Rufus stellen, ohne dass Rufus oder Jo-Anna wild geworden sind. Ich habe leider auch keinen Vater mehr, der ist bereits vor 10 Jahren gestorben, lange bevor die Kinder zur Welt gekommen sind. Die Kinder und Rufus sind in seinem Büro. Aber jetzt, wo ich es erwähne, fällt mir auf, dass es verdächtig still da drüben ist. Ich glaube, wir sollten einmal bei Rufus klopfen und nachsehen. Ich kann allerdings nicht sagen, ob er sich über deinen Besuch freuen wird oder nicht. Jedenfalls, damit du es weißt, die Befreiung deiner Seele verdankst du übrigens deinen Enkelkindern. Aber diese Geschichte erzähle ich dir später", lachte sie, erhob sich und ging voran zur Bürotür, um diese zu öffnen.

„Nein! Wirklich??? So etwas! Auf diesen Bericht bin ich schon gespannt", lachte nun auch Gerwin und folgte Svenja mit einem etwas mulmigen Gefühl, würde er nun ja auf seinen Sohn treffen, den er zuletzt vor mehr als 40 Jahren gesehen hatte, als Rufus noch ein Baby war.

Der Angsthase Leander hat gleich nach ein paar Metern, nachdem wir nach Hell City fahren wollten, nach seiner lieben Mama gerufen. So ein Feigling! Erst war er ganz wild darauf, als ich ihm den Ausflug ohne die ewigen Spaßbremsen Mama und Papa vorgeschlagen habe, dann fängt er immer gleich nach der Mama zu jammern an. So etwas! Na ja, ich habe ihn dann mit meinem bösen Blick, bei dem er sowieso immer gleich klein beigibt, überredet, dass wir das jetzt durchziehen. So eine Gelegenheit haben wir ja nicht alle Tage.

Leander trottete also hinter mir her, ich hielt tapfer meinen „Dickbauch" fest, den ich von Papa zurück bekommen hatte, denn der Pinguin ist wahrscheinlich ebenso ängstlich wie Leander, nehme ich einmal an. Den beiden muss ich also ein Vorbild sein.

Ich konnte mich noch genau an den Weg zu den Wägelchen erinnern, wo wir schnell ankamen. Eines davon stand verlassen auf seinen Schienen, wir setzten uns gleich hinein, aber das Starten war ein anderes Problem, zumal anscheinend heute niemand in der Hölle war, den wir hätten fragen können, denn wir waren noch keiner Menschenseele begegnet.

Nach einigen Drückversuchen auf den Knöpfen setzte sich das Mann-Ding (heute ohne Frau) nun doch endlich, aber ziemlich langsam, in Bewegung und brachte uns zur ersten Haltestelle, wo es einfach ganz von selbst stehen blieb.

Uns war dies auch recht, wir stiegen aus, schauten uns um und gingen eine kleine Fußstrecke, wie wir es noch vom gestrigen Ausflug mit Mama und Papa wussten.

Wir kamen beim Hafen an: Ganz klar, wir waren bei dem großen Dampfschiff angekommen, das Papa gestern „Didanik" genannt hat. Mich hat es ja gestern schon fasziniert, schließlich ist mein Lieblingsspiel in der Badewanne „Schiffe versenken", und angeblich sinkt das ja auch. Leander und ich können uns das zwar nicht vorstellen, aber wenn Papa das sagt, muss es stimmen, also werden wir uns das einmal genauer ansehen. Leander, das Häschen, musste ich am Ärmel packen und hinter mir nachziehen. Nachdem wir aber auf dem Schiff an Deck standen und diese tolle

Aussicht genossen, fürchtete er sich wohl nicht mehr so, denn er rannte erst zur einen Seite, den Ausblick zu genießen, dann zur anderen und wieder zurück.

Nach einer Weile, nachdem wir uns einen Teil des Schiffes angesehen hatten, kam Leben in die Bude. Plötzlich kamen ein paar finster dreinblickende Männer an Bord, die riesige Container auf Rollen herauf brachten, später kamen noch mehr Männer dazu, die sollten uns aber nicht entdecken, daher beschlossen wir, dass wir erst einmal unter Deck gehen wollten und sahen uns dort einmal genauer um.

Wir öffneten eine unverschlossene Tür, eine unter vielen anderen, darin war so etwas wie eine kleine Wohnung, ein riesiges Bett, ein paar Tischchen, Spiegel, Kästen und direkt hinter einer weiteren Zimmertür noch ein großes Badezimmer. Das Bett war ganz weich, da haben wir zuerst eine Runde Hüpfen gespielt, danach gingen wir wieder weiter schauen. Damit Leander sich besser abstützen konnte, legte er seinen (eigentlich meinen) Lieblingsgummiball, den er normalerweise entweder in der Hand hält oder im Hosensack versteckt – was aber mit unserem Quasi-Nachthemd nicht möglich ist –, auf einem der beiden Nachtkästchen ab. Den Gummiball habe ich ihm gönnerhaft überlassen, weil er seinen mit Lavendel gefüllten Pinguin irgendwo liegen gelassen hat, bevor wir zu Papa gekommen sind.

Anschließend spielten wir noch Polizei und Einbrecher, wobei ich die Polizei war und Laurenz der Einbrecher. Da wir kein Auto zur Verfügung hatten, taten wir nur so, dafür sollte zumindest der Rest etwas echter klingen. Leander befahl mir, „Tatütata!" zu rufen, während ich das imaginäre Polizeiauto fuhr, aber ich war still. Leander erkundigte sich: „Warum rufst du nicht?" Ich antwortete ihm wahrheitsgemäß: „Ich habe jetzt den Text vergessen!"

Ein wenig später beschlossen wir, das Deck genauer zu untersuchen. Nachdem hinter den anderen Türen genau die gleichen Zimmer mit genau den gleichen weichen Betten zu finden waren, war uns dieses Deck jedoch zu langweilig für uns geworden, wir wollten uns gleich das nächste ansehen.

Laurenz, der Grobian, hat mich, obwohl ich einige Male erwähnt hatte, wie sehr wir geschimpft bekommen würden, sehr unsanft am Arm gepackt und mir gedroht, mich zu verhauen, wenn ich nicht mitkommen würde.

Laurenz kann sehr grob und sehr bestimmend sein, da bin ich halt mitgefahren. Auf dem Schiff war alles noch relativ finster, die Lichtschalter haben wir auch nicht gefunden. Jedenfalls haben wir auf einem Deck zwei große Säle entdeckt. Der eine dürfte so etwas wie eine größere Essecke gewesen sein, so etwas habe ich noch nie gesehen, nicht einmal in einem Café. Das andere war etwas interessanter, da standen ein paar Automaten herum, wo man viele Knöpfe drücken und einige Hebeln ziehen konnte. Sofort begannen die Automaten nach dem Drücken oder Ziehen zu blinken, eine Kugel sprang wie wild herum. Laurenz und ich nahmen uns jeweils einen Hocker, kletterten hinauf und machten uns ans Werk, dieses flache, schräge Etwas, das uns an Weihnachten erinnerte, zu bearbeiten. Alleine die Geräusche und das Licht waren sensationell. Laurenz erwähnte kurz einmal unsere Mutter, aber die hatte ich vor lauter Aufregung bereits aus meinem Gedächtnis eliminiert. Worauf man sich alles konzentrieren soll! Der Laurenz hat vielleicht Nerven.

18

Unterdessen im Himmel...

Ein wenig enttäuscht war Jesus, eigentlich war er ziemlich enttäuscht von Gott, für den wieder einmal alles andere wichtiger zu sein schien, als sein eigener Sohn. Theoretisch hätte sich Jesus längst daran gewöhnen können. Böse Zungen behaupteten auch, er wäre inzwischen alt genug, um darüber hinweg zu sein, dass ihn sein Vater öfter im Stich gelassen hatte. Für Jesus war es aber sehr schmerzhaft und eben immer noch nicht verarbeitet, auch wenn er bei Herrn Professor Freud seit kurzem in Therapie war. Seit kurzem deswegen, weil Herr Professor Freud noch nicht so lange bei ihnen im Himmel weilte, wie Jesus bereits Hilfe nötig gehabt hätte. Vielleicht müsste die Therapie aber noch etwas intensiviert werden. Jesus versah zur Sicherheit Herrn Doktor Freud mit allen zusätzlichen, nur erdenklichen Titeln, wie Professor, Doktor-Doktor, Hofrat, bei der Anrede. Ihm hatte man nämlich erzählt, dass das bei allen Österreichern am besten so gehandhabt werden sollte, wollte man sie bei Laune halten.

Das war ein eigenartiges Völkchen, diese Österreicher, dachte er sich zwar, aber er wollte kein wie auch immer geartetes Risiko bei Doktor Freud eingehen, der tatsächlich recht liebenswürdig zu ihm war, dennoch war er auch manchmal grantig oder raunzte stundenlang. Danach war er aber wieder voller Humor, das nannte er dann Wiener Schmäh. Der Grant, das Raunzen und der Wiener Schmäh samt Titelsucht zeichnet nämlich einen echten Österreicher, im speziellen einen Wiener aus, ließ sich Jesus sagen.

Jesus wollte also zunächst zu seiner Mutter Maria gehen, es war aber bereits um die Mittagszeit, und er wusste, dass sie einerseits schwer beschäftigt sein würde damit, mit ihrem Segway in der beinahe fabriksgroßen Küche ihres Restaurants herumzufahren und ihre ganzen Köche zu instruieren, andererseits wusste er, wie sie auf seine Seelenqualen reagierte. Sie hörte weniger zu, denn eigentlich wollte er sich bloß bei ihr alles von der Seele reden, nicht mehr und nicht weniger. Sie aber bemitleidete ihn dann viel zu sehr und würde danach wieder in Tränen aufgelöst sein. Er kannte das Prozedere zur Genüge. Nach ausgiebigen Bemitleidens würde sie wieder auf seine Hände und Füße starren, aber hoffentlich nicht wieder das Hemd hochzerren und ihm ihre Hände auflegen, während sie von Weinkrämpfen geschüttelt würde und schlussendlich er sie trösten müsste, dass eh alles nicht so schlimm gewesen wäre. Zum Glück vergaß sie meistens auf die Narben auf der Kopfhaut. Wohlweislich ließ er sich deswegen von ihr schon längst nicht mehr die Haare schneiden, sonst ginge das Gejammer wieder von vorne los.

Er liebte seine Mutter von Herzen, aber ihr Leid, ihn betreffend, nervte ihn sehr, deshalb beschloss er, seinen Stiefvater Josef aufzusuchen, den er ebenso innig liebte. Josef hatte ihn immer als Sohn akzeptiert und geliebt, denn Maria konnte ihm keinen eigenen Sohn mehr schenken, viel zu groß waren die Aufgabe mit und die Sorgen um den künftigen Heiland gewesen. Josef nahm alles als Wink des Schicksals hin und liebte einfach Jesus, als wäre er sein eigener Sohn.

Josef war zwar etwas erstaunt, als Jesus in den Speisesaal kam und ihm auch gleich anbot, ihm zu helfen, also er nahm das Angebot gerne an.

„Wo drückt dich denn der Schuh?", fragte er ihn gleich direkt, wobei „Schuh" nicht ganz der passende Ausdruck für dessen Zehensandalen war.

„Woher weißt du, dass mich etwas bedrückt?", war wiederum Jesus bass erstaunt.

„Bitte, Jesus! Jetzt kennen wir uns beide schon so lange, da weiß ich es einfach. Und selbst wenn nicht, wäre es nicht schwer zu erraten gewesen. Du würdest sonst nicht kurz vor dem Einfall der Menschenmassen im Restaurant hierher kommen. Ich hoffe nur, es stört dich nicht, wenn ich dir zuhöre und nebenher die Tische fertig decke. Du könntest mir das Besteck abnehmen, ich mache die Teller, Gläser und Servietten fertig."

„Mache ich, Papa", sagte Jesus beruhigt über Josefs Kenntnis seines Sohnes und begann, das Besteck auf den Tischen aufzudecken. Bei Josef fühlte er sich immer willkommen und geborgen, daher erzählte er weiter: „Eigentlich ist es ja nichts Neues, auch nichts besonders Dramatisches, aber es kränkt mich immer wieder."

„Dein Vater, stimmt's? Er hat dich wieder einmal versetzt", zog Josef missbilligend eine Augenbraue und einen Mundwinkel hoch.

„Woher? Ach ja, ich weiß, du kennst mich", begann Jesus, „eigentlich komme ich mir blöd vor, aber so mitten im Satz stehen gelassen zu werden..."

„...macht keinem Menschen Spaß", setzte Josef hinzu, „aber für dich ist es einfach zu schwer, der Sohn vom Chef zu sein. Aber glaube mir, für ihn ist es noch schwieriger", verteidigte er nun wiederum Gott. Dennoch musste er schmunzeln: „Mir musst du außerdem nichts vormachen. Du sagst zwar ständig „eigentlich", aber ganz uneigentlich stört dich das Verhalten deines Vaters, und zwar als Sohn. Als Mensch und Messias weißt du nämlich auch selbst ganz genau, dass dein Vater sich um alle – nun, beinahe alle – Menschen kümmern muss. Keine Sorge, ich verstehe dich sehr gut."

„Apropos alle Menschen. Was meinst du denn mit „beinahe alle"?", wollte Jesus wissen.

„Dein Vater muss sich um die Menschen auf der Erde kümmern und um jene, die bereits hier in seinem Himmelreich sind. Nur um die, die in der Hölle bei dieser ekelhaften Jo-Anna und ihrem Sohn darben müssen, um die muss er sich ja nicht kümmern."

„Mein lieber Vater", setzte huldvoll an, „hierbei befindest du dich in einem großen Irrtum! Erstens hat er mit dem Sohn dieser Jo-Anna, Rufus, glaube ich, einen Stromexport-Vertrag und außerdem hat mich mein Vater genau wegen Rufus' Zwillingen und deren Mutter, die nicht hier, sondern versehentlich in der Hölle gelandet sind, und die aufgrund der defekten Aufzuganlage noch nicht wieder herauf kommen können, versetzt."

Jetzt hatte er die volle Aufmerksamkeit von Josef.

„Na, das ist ja eine merkwürdige Geschichte. Aber, siehst du, mein Sohn, dann ist dein Vater ja noch mehr eingespannt und gefordert, als ich angenommen hatte." Sein Sohn tat ihm endlos leid, dessen echter Vater aber fast noch mehr. In Gottes Haut mochte er nicht stecken, das müsste nämlich ein multitaskingfähiger Mann sein und war ob der ganzen Aufgaben sicher nicht zu beneiden.

„Es tut mir leid, wenn ich dich im Grunde nicht trösten kann, denn leider werden von dir einfach das Bewusstsein und das Verständnis für diese omnipräsenten Aufgaben, die dein Vater zu erledigen hat, aufgebracht werden müssen. Ich kann dir einzig meine Hilfe und Liebe als dein quasi Stiefvater anbieten. Leider wirst du meistens mit mir Vorlieb nehmen müssen, wenn du einen Vater brauchst."

Jetzt war Jesus wieder versöhnlich gestimmt, umarmte seinen Vater und küsste ihn auf die Wange: „Du wirst immer mein bester Papa sein! Aber jetzt müssen wir zuerst einmal mit Vollgas arbeiten, die „Meute" kommt sicher gleich."

Josef freute sich, dass es Jesus, nachdem dieser ihm einfach von seinem Erlebnis mit Gott erzählen durfte, ein wenig besser ging – bis zum nächsten Mal. Das kam sicher, ganz bestimmt. Er freute sich aber auch über die tatkräftige Unterstützung seines Sohnes im Restaurant. Es gab ja so viel zu tun, die Apostel waren auch bereits auf ihrem Posten, sie arbeiteten fleißig als Kellner im Restaurantbereich. Die anderen Helfer im Restaurant waren teilweise Marias oder seine Verwandte oder auch einfach Anhänger Jesu der ersten Stunde.

Johannes der Täufer war für die gesamte Reservierung zuständig, die Eltern von Maria und Josef bearbeiteten die Berechtigungsscheine, denn es war ein ausgeklügeltes System, das die Speisung aller Himmelseinwohner gewährleisten sollte.

Im Restaurantbereich durften nur diejenigen Menschen 1-7 Mal pro Woche essen gehen, die die meisten Belohnungspunkte entweder durch ihr vorbildliches Leben auf der Erde oder auch durch besondere Verdienste im Himmel erreicht hatten. Danach wurde bereits abgestuft, alle Einwohner des Himmels wurden dennoch mit sehr gutem Essen versorgt, aber die anderen, weniger braven Menschen mussten sich entweder ihr Essen in der Kantine holen und es dort im riesigen Speisesaal zu sich nehmen. Es war auch erlaubt, sich die Speisen als Food-to-go einpacken zu lassen und wo auch immer es einem beliebte, zu verzehren. Jedenfalls war es ein überdimensionaler Aufwand, alle Menschen hier mit gutem Essen zu versorgen, aber Maria und Josef als Chefs dieser Einrichtung waren bestens aufeinander eingestimmt. Viel Zeit für ihren Sohn blieb da eben nicht übrig, deshalb war Josef aber umso erfreuter, wenn sich die Arbeit und das wenige Familienleben so gut in Einklang bringen ließen wie am heutigen Tag, dass Jesus hierherkam und im Betrieb der Eltern einfach mithalf, selbst wenn er als Himmels-Kindergärtner auch genug zu tun hatte.

Nach getaner Arbeit und kurzen Gesprächen mit den Aposteln und einer ebenso kurzen Stippvisite bei seiner Mutter, die sich über seinen Besuch sehr freute und ihm, während sie ihn fragte, ob es ihm denn gut ginge, fest in die Augen schaute. Er konnte sie zwar normalerweise nicht belügen, aber nachdem die Stunden bei seinem Zieh-Stief-Beinahe-oder-wie-auch-immer-Vater ihm sehr geholfen hatten, konnte er ihr nun wahrheitsgemäß berichten: „Sehr gut, Mama. Ich habe Papa im Restaurant geholfen und alle Apostel wieder einmal getroffen, es war sehr nett."

Maria kannte ihren Sohn ebenso gut, wie ihn Josef kannte, sie sagte daher nichts mehr, offensichtlich wollte er mit ihr nicht über etwaige Sorgen sprechen, und vermutlich hatte er dies bereits ausführlich mit Josef getan, schließlich kannte sie ihren Seelenpartner ebenso gut. So akzeptierte sie es einfach und küsste ihn auf die Stirn: „Ich freue mich für dich und liebe dich sehr, mein Sohn!"

Das half Jesus ebenfalls, er freute sich aber auch, dass er die Tränen-Orgie elegant umschifft hatte und küsste seine Mutter auf die Wange. Kurz danach beschloss er, seinen Vater in der Überwachungszentrale zu besuchen.

Svenja klopfte sachte an die Bürotür und freute sich schon auf Rufus' Gesicht, wenn er seinen Vater kennen lernen würde. Sie trat vorsichtig ein, Rufus saß wie auch zu Hause immer am Schreibtisch und hämmerte im Zwei-Finger-Such-System auf seine Computertastatur ein. Er hob kurz den Kopf, wunderte sich bloß über den Zaungast hinter seiner Frau und herrschte sie daher an: „Wieso lässt du einen Fremden hier herein?"

„Das ist erstens kein Fremder, sondern dein Vater und zweitens, wo sind die Kinder?"

Rufus war nun endgültig verwirrt. Der Mann sollte sein Vater sein, von dem er noch nie auch nur ein Sterbenswörtchen erfahren hatte? Tausend Dinge schossen ihm in den Kopf, sodass er momentan zu keiner richtigen Reaktion auch nur ansatzweise fähig gewesen wäre, daher blieb er auch Svenja die Antwort auf ihre Frage schuldig.

„Wo – sind – die – Kinder???", wiederholte Svenja in deutlichem Stakkato erneut, nun bereits etwas verärgert über die wiederholte Verweigerung einer Antwort, wie sie es von Rufus bereits zum 100.000sten Male über sich ergehen hatte lassen müssen.

Rufus fasste sich etwas, da er die Gefährlichkeit in der Stimmlage seiner Frau doch nicht überhört hatte.

„Die Kinder sind nicht bei mir, sondern bei dir", antwortete er und setzte, etwas in Unruhe geraten nach: „Oder etwa nicht?"

„Natürlich sind sie nicht bei mir, sonst würde ich dich nicht fragen!", wurde Svenja schon ziemlich nervös und fing nun an, laut die Namen der Zwillinge rufend, herum zu humpeln, während sich Vater und Sohn zum ersten Mal in die Augen sahen. Gerwin trat auf Rufus zu und reichte ihm die Hand, als sie beide Svenja schreien hörten: „Sie sind weg! Rufus! Sie sind weg! Komm' sofort! Rufus!" Beim letzten „Rufus" war durch den Kippeffekt in der Stimme die Angst und Sorge um die Kinder ganz deutlich heraus zu hören, sodass sich Rufus, der seinem Vater deutete, er sollte ihm folgen, in Bewegung setzte und etwas schneller der Stimme seiner Frau nachging.

Svenja hatte bereits Tränen in den Augen und deutete nur noch stumm zur Eingangstür hin, wo jetzt alle drei die entsicherte und nur angelehnte Haustüre sehen konnten.

Ziemlich ratlos standen sie da, da fasste sich Gerwin als erster und sagte: „Kommt! Wir gehen sie sofort suchen. Weit können sie ja nicht sein, sie kennen sich hier ja nicht aus."

„Irrtum, lieber Gerwin", fiel Svenja ein: „Wir waren gestern mit den Waggons in Hell City und davon waren die beiden hellauf begeistert. Womöglich sind sie alleine dorthin gefahren. Ich darf gar nicht daran denken, wie gefährlich Hell City für die beiden alleine ist!", und musste noch mehr Tränen der Verzweiflung vergießen.

„Seit wann können sie denn weg sein?", wollte Rufus wissen.

„Als du in dein Büro gegangen bist, bin ich unter die Dusche gegangen und habe danach angenommen, dass sie zu dir hinüber gegangen wären", rechtfertigte sich Svenja. „Das wären dann ja fast eineinhalb Stunden, die sie bereits weg wären!"

„Ich helfe natürlich bei der Suche!", rief Gerwin aufgeregt. „Jetzt habe ich Enkelkinder, und schon sind sie verschwunden", war er außer sich.

„Es hilft alles nichts, wir müssen die beiden suchen! Du bleibst da", deutete Rufus auf Svenjas geschientes Bein.

„Um nichts in der Welt bleibe ich da!", rief Svenja und humpelte etwas schneller hinter ihnen her.

Etwas planlos liefen Rufus und sein Vater los.

„Wo läufst du denn eigentlich hin?", rief Gerwin seinem Sohn zu.

„Ich weiß es gar nicht genau. Immerhin geht jetzt, gerade zur Mittagszeit, der Betrieb hier richtig los. Wer weiß, wie wir da zwei kleine Kinder finden sollen, wenn hier alle durcheinander laufen, die einen zur Stromversorgungs-Arbeit, die anderen nach Hell City, um sich zu vergnügen."

„Die Kinder müssten doch hier eigentlich auffallen wie ein bunter Hund, schließlich gibt es in der Hölle kein einziges Kind, sie müssten doch zu finden sein", kratzte sich Rufus verzweifelt am Kopf.

Als die drei Suchenden bei den kleinen Waggons angekommen waren, fiel Rufus sofort auf, dass einer fehlte.

„Die Kinder müssen einen Waggon gestartet haben, ich weiß zwar nicht, wie sie das schaffen konnten, aber nachdem sie sogar irgendwie meine Eingangstür öffnen konnten, ist wohl alles im Bereich des Möglichen."

„Warum hast du denn die Waggons nicht ordentlich gesichert? Was soll denn die Schlamperei?", ärgerte sich seine Frau, eigentlich zu Recht, aber der Teufel war dennoch verärgert, dass ihm schon wieder Vorhaltungen gemacht worden waren.

„Die Vorwürfe werden uns nicht weiterbringen!", warf Gerwin ein, der zu kalmieren versuchte, „wir sollten unseren Fokus lieber auf die Suche nach den Kindern richten." Gerwins Einwand dürfte seine Wirkung nicht verfehlt haben, denn er erntete erstens ein leise zustimmendes „Mmmh" und zweitens trabten die beiden Kontrahenten still hinter ihm her. Gerwin steuerte auf die Titanic zu, während Rufus dämmerte, dass ausgerechnet heute die Titanic zu einer Sonderfahrt ausgelaufen war. Sonderfahrt hieß leider in diesem Fall auch, dass die Vergnügungssüchtigen länger feiern durften, und es hieß auch, dass daher die Abfahrt des Dampfschiffes bereits gegen 11.30 stattgefunden hatte.

Rufus hörte im Geiste bereits den hysterischen Aufschrei seiner Frau, daher überlegte er noch fieberhaft, während ihn tatsächlich ähnliche Hitzewallungen heimsuchten, wie er das Geschrei abwenden sollte.

Leider hatte er zu lange nachgedacht, denn sie waren bereits in die Nähe der Anlegestelle der Titanic gekommen, und es war tatsächlich weit und breit kein Schiff zu sehen. Man musste nicht gerade mit den Fähigkeiten eines Nostradamus ausgestattet sein, um das Fehlen eines Schiffes zu bemerken, das noch dazu beachtliche Ausmaße hatte.

„Das Schiff ist weg!" Der spitze Schrei von Svenja beendete somit kurzerhand die Überlegung Rufus', wie er ohne ihn davonkommen könnte. Jetzt hieß es, entweder mit der Wahrheit herauszurücken oder sich noch schnell eine plausible Erklärung einfallen zu lassen. Er hatte zwar sonst eine Ausrede schneller zur Hand, als Casanova seine Frauen im Bett, aber diesmal entschied er sich für die Wahrheit, so schlimm sie auch war, denn mit größter Wahrscheinlichkeit waren die Kinder mit an Bord. Dummerweise hatte er am Vortag den genauen Ablauf des Bordprogramms mit dem verheerenden Detail des Sinkens gegen Mitternacht erläutert.

Was dies für die Kinder zu bedeuten hätte, wenn sie zu diesem Zeitpunkt immer noch an Bord der Titanic wären, wusste seine Frau nun allzu gut, ebenso wie sein Vater, der die Abläufe in Hell City bereits zur Genüge kannte.

Gerwin fasste sich aber als Erster und brillierte wieder einmal mit seiner Intelligenz, denn er schlug vor, dass sie sich ein schnelles Boot besorgen sollten, um möglichst rasch die Titanic einzuholen.

„Ja, klar. Guter Vorschlag, Vater. Aber wo ist so ein Boot?", sann Rufus nach.

„Du willst doch nicht etwa behaupten, dass ihr hier kein zweites Boot, Schiff oder dergleichen habt?", überschlug sich Svenja erneut, nach Luft schnappend.

Gerwin legte ihr den Arm beruhigend um die Schulter und begann auch nachzudenken. Rufus, Gerwin und Svenja standen am Pier und schauten sinn- und ratlos zum Horizont, wo die Titanic verschwunden sein musste.

Svenja packte ihren Mann schließlich am Arm, schüttelte ihn kräftig und herrschte ihn an: „Ist dir endlich etwas eingefallen? Du bist der Einzige, der über alles hier Bescheid weiß und der die Kinder retten kann! Tu doch etwas!"

Ziemlich unwirsch entwand sich Rufus dem Griff seiner Frau und sagte: „Natürlich weiß ich, dass die Kinder gerettet werden müssen! Sehe ich etwa so aus, als würde ich mir nicht den Kopf zerbrechen? Außerdem ist mir gerade etwas eingefallen."

Unterdessen in der Hölle bei Jo-Anna...

Jo-Anna hatte bereits Vorkehrungen für einen erneuten Mittagessen-Lieferservice getroffen und ihre zerkochten und geschmacklosen Eiernudeln erneut mit des Sohnemanns „Folgsamkeits-Zutat" bestreut, als sie vor ihrem Fenster einen Fliegenschwarm vermutete, der ihr sogleich etwas komisch vorkam. Als Teufelin war sie zwar auch die Herrin der Fliegen, aber solche Schwärme bildeten sie kaum mehr. Da sie von Grund auf sehr neugierig war, eine Eigenschaft, die sich nach ihrer Ansicht als ideale Eigenschaft für schlechte Menschen eignete und die sie sich ehemals als eine der sieben Todsünden ausbedungen hatte, die später aber leider von Gottes Nachfolgern wieder aus der Liste eliminiert worden war, lief sie vor ihre Wohnungstür und sah sich den Schwarm genauer an. Es kam, wie es kommen musste, sie erkannte die Art des Schwarmes und war aufs Äußerste alarmiert, woraufhin sie – ohne die Essenslieferung, die sie natürlich in der gebotenen Eile vergessen hatte – zur Wohnung ihres bis dato Lieblingssohnes stürzte, sofern ihre dick angeschwollenen Beine sie stürzen ließen.

Am Ziel ihres Streitobjektes angekommen, musste sie sich allerdings erst einmal hinsetzen, denn nach knapp 500 Metern Dauerlauf kam sie derart außer Puste, dass ihr zum Schreien sowieso keine übrig geblieben wäre.

Nach kurzer Verschnaufpause drosch sie wie von Sinnen, beinahe wie Fred Feuerstein, allerdings nicht „Wilma!" rufend, sondern lauter schrill-hysterische „Rufus!" ausspeiend, auf die lärmgeschützte Eingangstür ein. Ein relativ sinnloses Unterfangen. Dabei hätte die „Gute" wissen müssen, dass selbst ein Rufus mit einem Hundegehör nichts durch diese massiv gebaute und isolierte Tür hätte hören können. Der Tür-Ferrari hatte außerdem, sofort als er ihr Getrampel gehört hatte, seine schnittige Motorhaube eingezogen, um dem Gerüttle an seinen edlen Teilen zu entgehen. Aber selbst, wenn sie den Tür-Ferrari als Wutdämpfer benützt hätte, auch dieses Unterfangen wäre zum Scheitern verurteilt gewesen, denn Laurenz hatte, wie es nun fast zu seinen täglichen Pflichten gehörte, den Ferrari samt seinem unverwechselbaren Motorengeheule wieder einmal „out of order" gestellt und last but not least war sowieso niemand zu Hause.

Jo-Anna gab nach einiger Zeit des unermüdlichen Hämmerns gegen die verschlossene Tür ihr Vorhaben auf und trabte, diesmal um mindestens 1.000 % langsamer, zu ihrer Wohnung zurück. Die Essenslieferung hatte sie sowieso bereits vergessen. Ganz im Gegensatz zu Heinrich dem Achten, der, seinerseits auf ein weiteres von seiner ehemaligen und Bitte-wieder-Geliebten zubereitetes Mahl hoffend, pünktlich zu Mittag angetrabt kam, um seinen Hunger nach Jo-Anna und ihren „Kochkünsten" zu stillen. Heinrich der Achte hatte selbstredend ein Besänftigungs-Bestechungsgeschenk für Jo-Anna dabei, einen Karton mit sechs Flaschen edelsten Rotweines. Er wusste zwar, dass sein Geschenk wie Perlen vor die vermeintlichen Säue zu werfen sein würde. Jo-Anna ließ nämlich jeden Weintropfen ihre Kehle hinunterlaufen, wie andere Leute schlichtes Wasser, ohne auch nur ansatzweise den Geschmack der edelsten Tropfen auf ihrer Zunge oder auf dem Gaumen wirken zu lassen.

Heinrich sah seine wieder erblühte Liebe gerade um die Ecke biegen, da gesellte er sich an die Seite einer sehr mürrisch drein blickenden Jo-Anna. Er wagte es, sie mit lieblichen Worten und ihre angeblich strahlende Schönheit nimmer müde preisend zu becircen. Um sie nicht nur akustisch zu besänftigen, hielt er ihr, vor ihrer Haustür angekommen, diese auf und bot ihr nun auch den Weinkarton dar, bereits ahnend, dass der Inhalt gerade einmal für die Dauer ihres Mittagessens reichen würde. Jo-Anna war viel zu antriebslos, nachdem sie ja wusste, dass ihr Muttersöhnchen womöglich von jetzt an wieder seinen eigenen Willen würde durchsetzen wollen und sie somit einen Handlanger weniger hätte. Sie blickte daher mit wenig Wohlwollen auf Heinrichs Geschenk, nichtsdestotrotz nahm sie es sofort an sich. Heinrich hatte zumindest sein Ziel erreicht, er durfte sie begleiten, er erbettelte einen Teller Eiernudeln und erhielt sogar ein kleines Glas seines Gastgeschenkes, das selbstredend sofort geöffnet und geleert worden war.

Jo-Anna war trotz des ganzen Ärgers dermaßen von Heinrichs Hündchen-Liebe hingerissen, dass er auch nach dem Essen bleiben durfte, schließlich war der Platz ihres Sohnes an Mamas Busen leer geworden. Außerdem war sie nach dem Mittagessen immer für diverse Sexspiele zu begeistern. Allein, es existierte nur normalerweise niemand, der sie begeistern mochte. Er allerdings war sogar so sehr von ihr entzückt, dass ihn weder ihr ordinäres Gerülpse noch ihr bereits ziemlich unansehnlich gewordener Körper störte, den sie noch dazu diesmal keiner besonderen Verjüngungskur mehr unterzogen hatte, wie sie es bei anderen potentiellen Liebhabern sonst zu tun pflegte.

So kam es, wie von Heinrich dem Achten sehnlichst herbeigewünscht, Jo-Anna erhörte ihn – mehrmals. Nach multiplen Orgasmen ihrerseits und dreimaligen Orgasmen seinerseits lagen sie ziemlich erschöpft nebeneinander im Bett. Immerhin war ihr bei dieser stundenlangen Vergnügung jeglicher Gedanke an ihren inzwischen ebenso missratenen Sohn entfallen. Sie hatte auch in keinster Weise irgendeine Ahnung von den Ereignissen um das Abenteuer, in das ihre Enkelkinder geraten waren, geschweige denn vom plötzlichen Auftauchen des Vaters von Rufus noch von irgendjemand anderem aus ihrer direkten Blutsverwandtschaft.

Jedenfalls war das erneute Erwachen der Lust zwischen Jo-Anna und ihm für Heinrich den Achten Anlass genug, sich den Kopf darüber zu zerbrechen, wie er seiner Jo-Anna nicht nur dienlich sein, sondern auch, wie er ihr eine besondere Freude bereiten könnte.

21

Laurenz und ich spielten mit einer solchen Begeisterung mit diesem Licht-Kugel-Klimper-Ding, dass wir gar nicht bemerkten, dass unter uns der Boden bereits seit einiger Zeit zu vibrieren und die Musik zu spielen begonnen hatte. Erst viel später, als die Ausrufe: „Sagt mal, was haben wir denn da? Das sind ja KINDER!!" zu uns durchdrangen und wir unsere Köpfe in Richtung der Stimmen drehten, bemerkten wir es: Da waren plötzlich eine Menge Menschen hier, alle festlich gekleidet, und außerdem bewegte sich der Boden. Das Schiff fuhr also!

Da dies alles nicht in unserem Plan stand, von dessen Existenz wir zudem keine Ahnung hatten, begannen wir zu laufen. Wir wussten nicht genau, wohin, aber zumindest hatten unsere Beine irgendeine Richtung eingeschlagen, und um dies zu unterstützen, fassten wir uns an den Händen und folgten der vorgegebenen Richtung unserer Beine. Atemlos waren wir dort wieder angelangt, wo uns unsere erste Inspektion hingeführt hatte, nämlich zu dem Deck mit den schönen Schlafzimmern. Kurzerhand öffneten wir eine Tür und schlossen uns in einem der Zimmer ein.

Nach dem ersten Schrecken, schließlich hatten wir hier bei Papa bisher nur wenige Menschen gesehen, und selbst zu Hause waren wir bis jetzt immer unter der Obhut unserer Mama, der Mama-Oma oder der Kindergartentanten gewesen, wollten wir uns auf das Bett setzen, als wir in diesem eine Frau schlafen sahen. Die Frau sah eigentlich nicht wirklich zum Fürchten aus, sie öffnete auch gerade die Augen, als wir schon wieder ans Flüchten dachten.

Sie lächelte uns freundlich an: „Hallo! Was macht ihr beide denn da? Ach, ihr müsst Rufus' Kinder sein, von euch habe ich bereits gehört!"

Die Frau musste Hellseherin sein! Woher wusste sie, dass Rufus unser Papa war? Ich knuffte Leander in die Seite, der ebenso mit offenem Mund dastand wie ich.

„Ihr beiden müsst vor mir keine Angst haben, ich liebe Kinder. Mein Mann und ich lieben beide Kinder, wir haben selbst zwei, allerdings keine Zwillinge wie ihr, aber mein Mann ist auch ein Zwilling. Na, der wird Augen machen, wenn er aus dem Bad

kommt."

Kaum hatte sie ihren Satz beendet, ging schon die Badezimmertür auf und der Mann, der laut ihrer Aussage ihr Mann sein musste, trat ins Zimmer herein, beinahe ebenso erstaunt dreinblickend wie wir.

„Das ist eine Überraschung! Vor wenigen Stunden noch habe ich Fabienne von euch berichtet, und schon seid ihr da!", rief er hocherfreut aus.

Leander und ich sahen uns zum wiederholten Male ungläubig an, da winkte uns die mit Fabienne titulierte Frau, dass wir uns auf ihr Bett setzen sollten.

„Ihr beiden müsst doch Hunger haben. Colin, bitte hol' den beiden rasch etwas zu essen vom Buffet!", drängte sie ihren Mann, der aber meinte: „Was soll ich den beiden denn mitbringen? Ich weiß nicht mehr genau, was Kinder essen. Was möchtet ihr denn??"

Wir zuckten nur mit den Achseln. An ein Essen, geschweige denn an eine Auswahl hatten wir noch keinen Gedanken verschwendet.

„Ach was, ich gehe. Bleib' du bei den Kindern", meinte diese Fabienne, schwang sich samt ihrem über und über mit Rüschen besetzten Nachthemd aus dem Bett, schlüpfte in Patschen in Hundeform, die bei jedem Schritt bellten, und verschwand.

Der Mann, der laut ihrer Aussage Zwilling war und Colin hieß, setzte sich zu uns und begann zu erzählen: „So ein Zufall, dass wir uns hier begegnen!", freute er sich erneut. Ihr wisst es sicher nicht, aber eure Großmutter und ich sind Zwillinge – wie ihr beide!"

Na, so eine Überraschung! „Die Mama-Oma hat uns aber noch nie davon etwas erzählt, dass sie einen Zwillingsbruder hat", beschwerte ich mich.

„Die Mama-Oma?", fragte er. „Ach so, nein! Nicht die Mama-Oma. Die meinte ich nicht. Ich meinte die Papa-Oma, wie ihr sie wohl nennt. Josephine-Anna, Jo-Anna, oder wie auch immer!", lachte er.

„Die Papa-Oma hat einen Bruder?", wunderte sich jetzt auch noch Leander, der sich schon immer vor der Papa-Oma gefürchtet hatte, und rückte, da ihm diese neue Verwandtschaft mit ihr unheimlich geworden war, sogleich ein großes Stück weiter weg.

Der Bruder von der Oma dürfte wissen, warum sich Leander so fürchtete, denn er lachte und sagte: „Keine Sorge, Leander, ich bin nicht so böse wie Jo-Anna. Aber eure Oma hält meine Frau und mich hier gefangen. Alle, die auch nur annähernd mit ihr verwandt sind, deren Seele hat sie sich beizeiten gesichert. Das werdet ihr jetzt nicht verstehen, aber irgendwann werde ich es euch mal erklären, falls ihr dann noch hier seid." Gerade rechtzeitig fiel ihm noch ein, wo sie sich gerade befanden, und dass diese Fahrt auf dem dem Untergang geweihten Schiff nichts für kleine, in die Hölle versehentlich verirrte Kinder war. Dies setzte ihn sogleich in helle Aufregung, dass er, als seine Frau mit zwei voll beladenen Tellern wieder hereinkam, diese mit seiner Erkenntnis überfiel, die er möglichst umschrieb, um uns nicht zu sehr aufzuregen.

Fabienne musste sich auch kurz setzen, aber um sich von dem Schrecken etwas zu erfangen und Zeit zum Nachdenken zu gewinnen, lächelte sie uns gleich an und ermahnte uns, zuerst einmal tüchtig zu essen. Da wir nicht gerne alleine essen wollten, aßen sie eben mit uns, während sie beide nachzudenken begannen.

Fabienne präsentierte uns anschließend den prall gefüllten Kleiderschrank, in dem wir zunächst Verstecken und anschließend Verkleiden spielen konnten. In der Zwischenzeit überlegten Colin und seine Frau, wie sie uns rechtzeitig vom Schiff bringen könnten, damit wir unter keinen Umständen mehr an Bord waren, wenn das Untergangsszenario und der Sterbeprozess für alle an Bord befindlichen Menschen beginnen sollte. Allzu früh durften wir uns nämlich auch nicht auf dem Oberdeck blicken lassen, denn noch befanden sich zu viele Menschen, die uns von unserem Vorhaben abhalten konnten, dort oben und spielten Boccia oder andere Gesellschaftsspiele. Von der Mannschaft, die uns sicher von einer Flucht abhalten wollten, ganz zu schweigen.

Da fiel endlich Colin eine Lösung ein…

„Wir fahren zuerst weiter zur Französischen Revolution!", befahl er seinen beiden höchst erstaunten Rettungsassistenten, die ihn einige Sekunden anstarrten, ehe sie sich in Bewegung setzten, um dem vorauseilenden Rufus hinterherzukommen, ohne dass sie dieser in die näheren Pläne seiner Idee einwies.

Nachdem Rufus ziemlich schnellen Schrittes zu den Waggons zurück ging und die beiden Helfer eher damit beschäftigt waren, Schritt zu halten, wenn auch aus unterschiedlichen Gründen – Schiene gegen fortgeschrittenes Alter –, konnten sie ihm auch keine Fragen stellen, sondern folgten ihm einfach.

Endlich im Waggon angekommen, fassten sie natürlich nach: „Warum zur Französischen Revolution?", wollten beide wissen. Rufus ging aber dieses Frage- und Antwortspiel wie immer auf die Nerven, und so entkam ihm auch diesmal keine einzige Silbe.

Als er den Waggon stoppte, schritt er gleich wieder als Erster voran, schob sich durch das bereits ziemlich bevölkerte Arrondissement vorbei an der Toilette, wo die Kinder sich am Vortag noch erleichtert hatten, vorbei an den schönen Nachbauten der Pariser Häuser bis zum Marktplatz, wo die Guillotinen bereit standen. Die Festlichkeiten hatten bereits begonnen, um später jäh mit dem Enthaupten aller Beteiligten zu enden.

Nachdem alle Hölleneinwohner ihren Chef bzw. den Sohn der eigentlichen Chefin kannten, erregte die Anwesenheit Seiner Exzellenz erhebliches Aufsehen, sodass ein Raunen durch die Menge ging, während er sich und seinen Begleitern den Weg durch dieselbe zu den Guillotinen bahnte. Dort endlich angekommen, nahm er den Ober-Henker beiseite, raunte ihm etwas ins Ohr und wartete auf die Durchführung seines Befehls, was auch prompt geschah. Schließlich wusste jeder Henker, was er Seiner Exzellenz schuldig war.

In kurzer Zeit hatten alle Henker die dicken Seile, an denen die messerscharfen Klingen hochgezogen und festgebunden waren, entfernt, nachdem sie die Klingen vorher fachgemäß abmontiert hatten. Der Ober-Henker übergab Rufus huldvoll die vielen Seile, die nun auch zum besseren Transport auf seine Rettungsassistenten aufgeteilt worden waren, und verkündete der erstaunten Menge kurzerhand, während Rufus mit den Seinen wieder entschwand: „Für den heutigen Tag entfallen sämtliche Enthauptungen, ihr dürft dennoch weiter feiern!"

Das folgende Freudengeschrei und Zuprosten hörten die drei nur noch aus der Ferne.

Beim Waggon wieder angekommen, stellten sie dennoch die Frage an Rufus noch einmal: „Was hast du vor? Wozu hast du die vielen Seile mitgenommen?"

Diesmal war er gesprächsbereiter, denn er schöpfte nun endlich Hoffnung, dass sein Plan aufgehen könnte und weihte die beiden in seine Pläne ein, die sie begeistert und ebenso hoffnungsfroh aufnahmen. Die Begeisterung beruhte auch auf der Ermangelung eines Planes B.

Sie fuhren also weiter zu den Twin Towers und machten sich auf die Suche nach einem gewissen Herrn Orville Wright, einen der Flugzeugpioniere, den Rufus im Austausch für einen für ihn wertlosen Mann, der aber Gott offenbar wichtig zu sein schien, für ein Jahr geborgt bekommen hatte. Herrn Wright war es recht, denn hier durfte er nach Herzenslust seiner Leidenschaft frönen, was im Himmel für ihn bis dato etwas unspektakulär verlaufen war.

Herr Wright hatte in den letzten Monaten das Hubschrauberfliegen gelernt und musste nur die Anwärter für die Anflüge in die Twin Towers anlernen und einweisen, schließlich kamen die wenigsten Flugwilligen mit einer Flugausbildung nach Hell City zum Themenpark „Twin Towers". Rufus hatte gehofft, dass mit dieser berühmten Flugpionier-Persönlichkeit die Buchung der Twin Towers etwas florieren würde.

Orville Wright war allerdings gerade in der Luft und versuchte einige neue Kunststücke, denn um ca. 18 Uhr hatte er wieder Dienst. Es hatten sich gleich drei Flugschüler für den bevorstehenden Crash in die Twin Towers gemeldet.

Rufus ging also mit seinen Begleitern in die kleine Kommandozentrale und setzte sich per Funk mit Herrn Wright in Verbindung. Die Nachricht von Rufus' Anwesenheit auf dem Gelände ließ den Piloten natürlich sofort zur Landung bewegen, schließlich wusste hier jeder, wie demütig er der Chefin und deren Sohn gegenübertreten musste, um nicht ihren Zorn auf sich zu ziehen.

Nach erfolgter Landung setze Rufus Herrn Wright von seinen Plänen zur Rettung seiner Kinder in Kenntnis. Auch wenn alleine Rufus' Kommandoton sein übriges getan hätte, alleine die Tatsache, dass Kinder zu retten waren, setzte den Piloten in Bewegung.

Rasch verknoteten alle zur Rettung Beteiligten die mitgebrachten Seile, Herr Wright holte aus der Kammer noch einen Rettungssitz, in den sich Rufus persönlich setzen und während des geplanten Fluges über der Titanic zu dem Schiff abseilen wollte. Er wollte damit seine Kinder nach erfolgreicher Suche auf diese Weise wieder in den Hubschrauber hineinhieven. Seine Frau schied in seiner Überlegung als Retterin aufgrund ihrer Schiene aus, allerdings gab Gerwin zu bedenken: „Das Heraufziehen der Kinder und des Retters wird ziemlich schwer für eine Frau und einen alten Mann zu bewerkstelligen sein. Glaubst du nicht, es wäre besser, wenn du und Svenja die Kinder hochziehen sollten? Mich müsstet ihr sowieso später nicht hochziehen, falls etwas passieren würde, ich könnte auf dem Schiff bleiben, ich käme halt um sieben Uhr früh sowieso wieder. Um mich braucht ihr euch keine Sorgen zu machen." Dies war ein heldenhaftes Angebot, denn mit seiner neuen Seele müsste er bis zum Funktionieren der Antipoden-Aufzüge kein Sterbeszenario mehr über sich ergehen lassen.

Er konnte also schlussendlich seinen Sohn davon überzeugen, ihn abzuseilen und die Hebeaktion selbst und mit seiner Frau zu bewerkstelligen. Auch für Rufus war der Vorschlag logisch und besser durchführbar. Er war seinem Vater sehr dankbar für dessen Vorschlag und umarmte ihn, ebenso wie seine Frau, herzlich dafür und hoffte auf einen positiven Ausgang.

Alle waren der Ansicht, dass sie die Kinder von der Titanic hochziehen würden, aber es sollte anders kommen.

Unterdessen in der Hölle bei Heinrich dem Achten…

Heinrich schlich nach getaner Arbeit und nach einem Quäntchen Schlaf, das er sich für seine prächtige Leistung gegönnt hatte, schließlich grunzte und schnarchte seine neue-alte Liebe lautstark vor sich hin, auf leisen Sohlen, was bei seiner Statur erneut eine Meisterleistung darstellte, davon und begab sich auf die Suche nach seiner und Jo-Annas Tochter Mary, diese ominöse Bloody Mary. Angeblich sollte sie sich ja nach Berichten von Jo-Anna im Themenpark der Französischen Revolution aufhalten.

Nach dem Ende jeder Veranstaltung sollte Bloody Mary die in Körben eingesammelten Köpfe für die jeweiligen Besitzer, die sie am darauffolgenden Morgen wieder in Empfang nehmen und ihr altes „Leben" wieder aufnehmen wollten, bereit halten. Es waren zwar bisweilen einige Beschwerden aufgetaucht, dass sie so manchen Kopf dem falschen Besitzer zugewiesen und damit größere Streitigkeiten ausgelöst hätte, aber da sich die Anzahl der Beschwerden in Grenzen hielt, waren diese für null und nichtig erklärt worden.

Im Themenpark würde demnächst das ausgelassene Feiern dem Höhepunkt des Abends, den Hinrichtungen, weichen, also musste er sich beeilen, um mit Mary noch reden zu können. Er nahm daher einen der Züge vom Hauptbahnhof aus, der Phönix-Station, denn die Benützung der kleinen Waggons war nur Rufus oder seiner Mutter vorbehalten. Auch wenn er vielleicht bald als neuer Lover von Jo-Anna bekannt werden würde, momentan hatte er noch keine wie auch immer gearteten Rechte. Das sollte sich rasch ändern, immerhin fühlte er sich genau wie im früheren Leben zu höheren Weihen berufen. Der Herrscher neben Jo-Anna, oder womöglich über oder anstatt ihr zu werden, dieser Gedanke gefiel ihm viel zu sehr. „Einmal ein König, immer ein König!", das war sein Motto.

Endlich beim Themenpark der Französischen Revolution angekommen, bahnte er sich den Weg durch die Menschenmenge und die alkoholgeschwängerte Luft, von der er alleine man beinahe betrunken werden könnte, in Richtung Zentrum, wo er seine Tochter vermutete.

Einige Rempler und zwei auf ihn entleerte Gläser Wein später, auf die er mit jeweils einem Fausthieb auf den betrunkenen „Attentäter" reagiert hatte, erreichte er das Zentrum der Feierlichkeiten. Die Guillotinen waren normalerweise durch ihre Höhe und durch die Höhe der Podeste, auf denen sie errichtet waren, kaum zu übersehen. Aber je näher er kam, desto überraschter war er. Weit und breit war keine der scharfen Klingen auszumachen, die ansonsten bereits von weitem in der untergehenden Sonne blitzten. Selbst die Henker, die sonst Stunden vor dem eigentlichen Geschehen in voller Montur bereit standen, waren offenbar an diesem Abend unmaskiert zur Arbeit erschienen.

Irgendetwas stimmte hier doch nicht, es musste etwas völlig schief gelaufen sein oder es war eine Meuterei im Gange, die man keinesfalls dulden durfte!

Endlich erblickte er seine Tochter, die sich ebenso einfach zu amüsieren schien, anstatt sich um die kommende Hinrichtung aller Feiernden zu kümmern.

Zielstrebig steuerte er auf sie zu und packte sie, bereits einigermaßen in Rage, unsanft am Handgelenk und zog sie für ein ungestörtes Gespräch hinter einen Busch, direkt neben eine Guillotine.

„Was machst du da? Warum arbeitest du nicht? Was soll das hier?", wollte er von ihr wissen.

Bloody Mary entwand sich seines groben Griffes und antwortete: „Au, du tust mir weh! Lass' mich los!"

„Ich habe dich etwas gefragt! Antworte mir gefälligst!"

„Warum bist du denn so grob? Ich kann doch nichts dafür! Das war eine Anordnung von Rufus. Heute entfallen die Hinrichtungen", rechtfertigte sie sich.

„Was schwätzt du da für einen Unsinn? Was hat denn Rufus damit zu tun?", wunderte er sich immer mehr. Aber da ihre Antwort langsam in seinen Augen doch Sinn in diese verquere Situation brachte, beruhigte er sich.

„Ja, Rufus, seine Frau und sein Vater waren hier und haben alle Seile von den Guillotinen mitgenommen. Gerüchten zufolge haben sich seine Kinder in Hell City aus dem Staub gemacht und sind auf der Titanic gelandet. Von dort wollte Rufus sie mit einem Hubschrauber retten, bevor das Schiff untergeht. Angeblich ist er hier an irgendeine Weisung von Gott gebunden, nach der er dafür sorgen muss, dass den Kindern nichts geschieht, bis sie wieder mit dem Aufzug – du weißt doch, die Aufzüge funktionieren nicht – nach oben geschickt werden können."

So unglaublich diese Geschichte sich auch anhörte, sie konnte wahr sein, überlegte er. Die Kinder und diese unmöglich Frau hatte er selbst gesehen.

„Wenn das Jo-Anna wüsste, was ihr missratener Sohn hier wieder angerichtet hatte, einfach für einen Abend sämtliche Hinrichtungen zu stornieren und dennoch das ausgelassene Feiern zu erlauben und auch noch sämtliche Alkoholika in rauen Mengen völlig umsonst fließen zu lassen", sinnierte er, wobei ihn erneut ein unheimlicher Zorn auf Rufus packte.

Er überlegte weiter, dass es wohl besser wäre, wenn man diesen Kerl eliminieren und damit eventuell seiner Angebeteten eine Freude bereiten würde.

Da aber Rufus gerade nicht zur Verfügung stand und er ein Verfechter von raschen Entscheidungen und Handlungen war, kam ihm eine andere Idee, wie er sich bei Jo-Anna beliebt und vorerst als Handlanger unabdingbar machen könnte. Sie wäre begeistert, war er sich sicher. Rufus muss noch warten, beschloss er. So musste er einfach umdisponieren und sah sich vorsichtig um ein geeignetes Werkzeug um, da sah er es.

Es lag unter dem Podest der Guillotine, neben der er mit Bloody Mary stand. Ein mittelgroßes Beil.

In Sekundenschnelle hatte er es in der Hand, und ehe sich seine Tochter versah, hieb er Bloody Mary mit der unvergleichlichen Wucht eines Kolosses, wie er einer war, den Kopf ab.

Er blickte wieder vorsichtig um sich. Zum Glück hatte ihn niemand beobachtet. Rasch bückte er sich erneut, neben dem Podest stand ein Weidenkorb, bereit, die gerollten Köpfe zu sammeln. An diesem Abend beherbergte der Korb lediglich Marys Kopf, der am nächsten Morgen seinen Körper nicht wieder „zu Gesicht" bekommen und das Ende für Bloody Mary bedeuten sollte.

24

Unser neuer Großonkel flüsterte seiner Frau etwas ins Ohr, während diese immer zustimmend nickte. Laurenz und ich sahen uns immer verwunderter an, wir wussten eigentlich nicht genau, warum wir nicht auf dem Schiff bleiben sollten, denn wir fanden es ganz schön hier, genau genommen wären wir gerne wieder zu den leuchtenden Automaten gegangen, getrauten uns das aber nicht zu sagen.

Fabienne zog sich im Bad um und kam mit einer Jeans und einem T-Shirt wieder heraus, das Rüschennachthemd hatte sie etwas älter gemacht, so aber sah sie direkt juvenil aus, beinahe wie eine Tochter von Colin, dessen weißer, gezwirbelter Schnurrbart dafür sehr elegant wirkte. Mama würde er sicher gefallen. Jesus, Maria und Josef: die Mama! Ob sie uns wohl schon vermissen würde? Und wenn ja, ob sie wieder hysterisch werden würde? Eigentlich waren dies keine Fragen, denn klarerweise waren sie alle auch ohne nachzudenken mit JA zu beantworten. Die Sehnsucht nach Mama und auch nach Papa, der sicher wieder böse auf uns werden würde, genau wie gestern nach unserer Murmelsuche, bescherte mir gleich ein paar Tränen, die Laurenz zumindest zum Festhalten meiner Hand, gepaart mit einem Lächeln nur für mich, bewegten.

Kurz raunte er mir sanft zu: „Ich passe eh auf dich auf, mein Lieblingsbruder!", was erst recht meinen Tränenlauf aktivierte.

Wir mussten noch laut Anweisung unserer neuen Verwandtschaft bis ca. 18 Uhr warten, bis wir auf das Oberdeck gehen könnten, denn vorher wären zu viele Menschen dort. Ab 18 Uhr aber wird regelmäßig das Kaffee-und-Kuchen-Buffet gestürmt, das im Café im Unterdeck III serviert werden würde.

Jedenfalls schoben uns unsere Verwandten kurz nach der Aussage von Colin, es wäre jetzt Showtime, aus der Zimmertür, während sie direkt hinter uns, sich ängstlich an uns festhaltend, hergingen und uns so den Weg wiesen, den wir ja nicht kannten.

Völlig ahnungslos wurden wir in Richtung Oberdeck, wie sie es nannten, bugsiert, immer zur Vorsicht ermahnend, dass uns niemand entdecken sollte.

Wir gingen durch sanft beleuchtete Gänge, eigentlich fast den gleichen Weg wieder zurück, wo wir hergekommen waren, aber das behielten wir noch für uns. Oben angekommen, schoben sie uns vorerst hinter einen Stapel voller Liegestühle, die anscheinend schon länger nicht mehr benützt worden waren, denn dem Stoff der Bezüge, die eigentlich einen relativ neuen Eindruck machten, entströmte ein Geruch nach – Oh Gott, dem Gewand der Papa-Oma – iiiigittigitt! Die war doch hoffentlich nicht in der Nähe! Ganz und gar mit Schüttelfrost und Gänsehaut überzogen klammerte ich mich an mein zweites Ich, der offenbar über wenig Geruchssinn verfügte, denn ihm war keinerlei Reaktion zu entnehmen.

Colin und Fabienne hatten uns vorher eindringlich eingeschärft, uns auf keinen Fall zu bewegen und erst recht nicht hervorzukommen, ohne dass sie uns holen würden, so waren wir zum Stillhalten verdammt, während wir aber neugierig zwischen dem Spalt der gestapelten Stühle hervor lugten.

Wir konnten sehr gut beobachten, wie sich Colin, so unauffällig, wie es eben möglich war, an dem einzigen winzigen Rettungsboot zu schaffen machte, das eher von der Größe unserer Babybadewanne war, vielleicht auch eine Spur größer, denn als er es erfolgreich an seinem Seil heruntergelassen hatte, wirkte es zumindest wie zwei Babybadewannen. Alle anderen Boote, die man hier sehen konnte, waren aus Papier oder aus Pappe, wie Fabienne es nannte.

Wie auch immer, als es endlich auf dem Boden des Decks gelandet war, stürzte ein Mann in Uniform auf meinen Großonkel und wollte ihn mit einem Stock niederschlagen, woraufhin Laurenz und ich beinahe aus unserem Versteck gesprungen wären, als uns gerade noch rechtzeitig die eindringlichen Worte von Fabienne einfielen, die wir nun ihrerseits herbei stürmen sahen. Wie Shirkan aus unserem „Sonder-Balu-Dschungelbuch" stürzte sie sich mit ausgefahrenen Krallen auf den Mann, der uns beinahe leid getan hätte. Sie war dermaßen kräftig und voller Durchsetzungskraft, dass der Angreifer zu Boden ging, wo ihm seinerseits seine mitgebrachte Keule von unserem Großonkel, der flink zur Stelle war, auf den Kopf geschlagen wurde. Relativ lautlos sackte der Mann mit den glänzenden Uniformknöpfen auf den Boden, zu zweit zerrten ihn unsere Verwandten in eine Nische, wo sie ihn wie einen leeren Sack absetzten und uns rasch holten.

Fabienne setzte uns, den Finger auf die Lippen legend, in die „Badewanne", kletterte rasch mit einer Decke zu uns herein, um ihren Mann später wärmen zu können, denn dieser müsste ins Wasser springen und zu uns schwimmen. Ihr Mann ließ das Boot mit Hilfe eines kleinen Seilzuges langsam über den Schiffsrand und später zu Wasser, fieren nennt sich das.

Diese Aktion war noch etwas rascher beendet als die erste Ehe von einer gewissen Britney Spears, und so landeten wir mit einem leisen „Platsch" relativ sanft auf den immer noch ruhigen Meereswellen, vor denen die beiden uns vorher so schauderhaft gewarnt hatten.

Nachdem er sich versichert hatte, dass es uns allen gut ging, wollte er ebenfalls ins Wasser springen, leider hatte ihn ein zweiter Mann der Besatzung beim Fluchtversuch gesehen und laut Anordnung des Kapitäns, alle Meuterer sofort ihrer Bestimmung zuzuführen, von der Reling zurück ins Schiff gezerrt und ihm dort einen groben Hieb auf den Kopf verpasst, der ihn nach Fabiennes Aufschrei wohl erneut aus dem Leben gerissen hatte.

Wir waren also gerettet. Zumindest entnahmen wir dies den Kommentaren von Fabienne, die Stimmung war dennoch sehr gedrückt. Unsere Großtante weinte ein wenig, aber sie tröstete uns: „Keine Sorge, morgen um sieben Uhr geht es eurem Onkel wieder gut", zumindest sie konnte sich damit etwas beruhigen, und um dies zu unterstützen, hielten wir ihre Hand ganz sachte in unserer, bis wir von einigen Schüssen aufgeschreckt wurden. Während wir noch beschäftigt waren, die Quelle der zischenden, knallenden Geräusche zu eruieren, hatte offenbar Fabienne sogleich den Ernst der Situation erfasst, denn sie warf sich sofort schützend mit gesamtem Körpereinsatz über uns und murmelte nur: „Dieser verfluchte Kapitän, er lässt tatsächlich auf uns schießen! Bewegt euch nicht, ich beschütze euch!"

Während wir uns kaum zu bewegen, geschweige denn zu reden trauten, wurde unsere Großtante immer schwerer, bis wir uns fühlten, als hätte sich Colonel Haty mit seinem Dickhaut-Popo auf uns schlafen gelegt, dennoch trauten wir uns noch länger nicht, unter der Last hervor zu krabbeln. Aber immerhin hatten die Seeleute ihre Schießerei auf uns beendet.

Es war still um uns geworden, nicht einmal Laurenz' Gebrabbel war zu hören, wahrscheinlich auch deshalb, weil er seit mehr als zwanzig Minuten nichts redete, was ungefähr den gleichen Seltenheitswert hatte wie die Jungfernschaft einer Bordsteinschwalbe. Zumindest Papa sagt das immer.

Jedenfalls dauerte es noch einmal gut zwanzig Minuten, ehe wir uns getrauten, uns von der Last Fabiennes zu befreien. Die „Didanik" war nur noch sehr winzig am Horizont auszumachen, zumal sich das Licht auch demnächst aus dem Staub zu machen schien. Bei genauerer Betrachtung unserer Großtante und ihrer hartnäckigen Weigerung, uns auf unsere Fragen zu antworten, sahen wir ziemlich genau in der Mitte ihres Rückens ein größeres Loch als es in unserem Labyrinthspiel Öffnungen für unsere Glasmurmeln gab. Da hätten locker drei unserer Kugeln auf einmal hineingepasst. Seltsamerweise war das Loch staubtrocken und man konnte weit in den Körper hineinsehen, was uns eine Weile beschäftigte, bis uns schön langsam etwas langweilig wurde und ich nach unserer lieben Mutter zu jammern begann.

Nach dem Volltanken des Hubschraubers, dem Verstauen diverser Dinge und der zusammengeknoteten Seile konnten endlich alle einsteigen, und bereits wenige Minuten später waren sie in der Luft. Zum Glück war der Meeresbereich nicht allzu groß, er besaß lediglich in etwa die dreifache Größe des ungarischen Plattensees, aber dafür nicht dessen geringe Tiefe. Angesichts dieser Tatsache war es auch im Themenpark „Titanic II" vorgesehen, dass die Menschen, die hier mit dem Schiff versinken, ertrinken, erfrieren oder auf sonstige Weise ihren Sterbevorgang im Wasser durch"leben" müssten, danach mit einer riesigen, durchsiebten Hebeanlage vom Meeresgrund ab ca. drei Uhr früh wieder geborgen und bis sieben Uhr früh wieder aktiviert werden würden. Bis zum nächsten Mal.

Die gesamte Meeresfläche war recht schnell durchflogen, die Titanic II, die nur einige Kilometer vom Hafen entfernt ihrem Ende zusteuerte, war bald zu sehen. Bis zum Durchbrechen der Schotten und zum Einlaufen des Wassers, durch das das Schiff etwa eine Stunde nach dem Anprall mit dem Eisberg sinken würde, fehlten nur noch knapp 20 Minuten. Ein riesiges Dampfschiff in der Größe der Titanic II nach zwei verlorenen Kindern abzusuchen, rang dem Blutkreislauf von Svenja und Rufus Höchstleistung ab.

Nachdem also ihr Adrenalinspiegel auf höchstem Niveau lag, hatten sie genügend Kraftreserven, um Rufus' Vater, an dem Seil in seinem Rettungssitz festgebunden, über dem Deck schwebend, hinunterzulassen. Zum Glück wehte gerade kein bisschen Wind, sodass es für den Luftfahrtpionier Orville Wright ein Leichtes war, den Hubschrauber perfekt zu manövrieren und über dem Deck schweben zu lassen. Während Gerwin sich nach geglückter Landung vom Seil befreite und auf die Suche nach seinen Zwillingsenkeln zu machen, flog Orville kleine Runden um das Schiff, das bereits Bekanntschaft mit dem eigens an gewisser Stelle platzierten Eisberg gemacht.

Nun hieß es aber, das Tempo zu erhöhen, und so hetzte Gerwin von Deck zu Deck, beständig die Namen der Kinder rufend.

Leider hatte er mit seinem Geschrei auch die Aufmerksamkeit einiger Trunkenbolde gemacht, die sich in regelmäßigen Abständen immer wieder für das Abenteuer Titanic II anmeldeten. Dieses Abenteuer beinhaltete nämlich die besten und teuersten Alkoholika, und in reichlichem Maße zu sich genommen, so hatte diese Gruppe die eigenwillige These, fände sich weniger Platz für das Meereswasser. Sie vergaßen aber bei ihrer These den Umstand, dass sich das Meereswasser nicht in dem mit Alkohol gefüllten Magen verbreiten würde, sondern sich den Weg in die Atemwege bahnen würde.

Jedenfalls befanden sich diese wandelnden Flaschen auf dem Weg zur nächsten Bar, als sie auf Gerwin stießen. Der Umstand, dass sie selbst zu sechst waren und Gerwin ihnen alleine gegenüberstand, erleichterte dem Wortführer den Beginn ihres vorerst nur verbalen Angriffs, der sie endlich zur erhofften Rauferei bringen sollte. Der Anführer rempelte sogleich Gerwin an und lallte: „Walum blüllst du so? Du weckst unsele Weibel auf!" Eigentlich hörte er sich betrunken genauso an wie ein nüchterner Chinese, der Deutsch spricht, aber ein nüchterner Chinese wäre wahrscheinlich auch nicht auf Streitsuche.

Er war allerdings des Wartens auf Antwort überdrüssig und setzte daher gleich zu einem Schwinger an, der seine und der Gruppe Allmacht unterstreichen sollte. Gerwin, ausgeruht, in Gedanken bei seinen Enkeln und daher in Sorge, war trotz seines Alters, aber aufgrund seiner Nüchternheit klar im Vorteil. Flink duckte er sich, drehte sich in Windeseile um seine Achse und schlüpfte an seinen Angreifern rasch vorbei und hatte vor allem die schnelleren Beine, zumal mit Blut, denn mit Alkohol gefüllt.

Er gelangte in einen Tanzsaal, der spärlich beleuchtet, mit amouröser Musik, schwitzenden, eng aneinander gepressten, wenig bekleideten Körpern gefüllt, dafür mit umso hormongeschwängerterer Atemluft durchzogen war. Er wollte nur einen raschen Blick hinein werfen, denn die Anwesenheit der Kinder in diesem Raum war wahrscheinlichkeitsmäßig eher gegen Null anzusiedeln. Dennoch umfasste ihn eine tanzwütige und anlehnungsbedürftige Frau, so meinte er zumindest, und zog ihn in den Tanzsaal. Ob er wollte oder nicht, er musste ein paar Tanzschritte machen, ehe er erkannte, wer ihn da zu einem Tanz überzeugt hatte. Plötzlich sah er, dass hier lauter Männer miteinander auf Tuchfühlung gingen, sein Tanzpartner entpuppte sich bei genauerer Inspektion als ebensolcher.

Nachdem ihm daraufhin der kalte Schweiß auf der Stirn ausbrach, setzte er seine Beine eher zum Davonlaufen ein, als zum Tanzen.

Er rannte weiter in den Casino-Raum, immer wieder nach den Kindern rufend, als ihn eine Dame, diesmal eine echte, zur Seite nahm und wissen wollte, ob es schon gekracht hätte.

Zuerst wusste er nicht, was sie meinte, aber schlussendlich fiel ihm ein, dass sie den Eisberg meinen müsste. Als er bejahte, griff sie gleich zu einer vollen Wodka-Flasche und wollte sich wenig damenhaft einen direkten Mundlauf genehmigen. Er hielt kurz ihre Hand fest und fragte sie: „Haben Sie hier heute zwei Kinder gesehen?", bevor sich in Wodka-Agonie verfallen würde.

Sie wollte zunächst ihrem Ärger wegen der verlorenen Sekunden Luft machen, besann sich aber, weil ihr tatsächlich etwas einfiel: „Ja, hier drüben haben sie gesessen. Das war aber vor ungefähr fünf Stunden", und deutete auf den Flipper-Automaten, der gerade von zwei Pärchen in Beschlag genommen worden war, die so betrunken waren, dass sie über das Blinken und Rattern der Kugel annähernd amüsiert wirkten wie während eines Kabarett-Besuchs, in dem im Zwölf-Sekunden-Takt Pointen ins Publikum geschleudert werden.

Diese Information war dennoch Goldes wert, immerhin waren sie tatsächlich hier an Bord. Die Frage war nur, wo waren sie? So unglaubwürdig normalerweise die Aussage einer angetrunkenen Frau wäre, so wahr musste sie in diesem Falle sein, denn die Anwesenheit von Kindern dachte sich hier sicher niemand aus.

Gerwin drehte also um, noch immer unschlüssig, wo er weiter suchen sollte, da rief ihm die Dame noch einmal nach: „Die beiden sind aber Richtung Kabinendeck gerannt, als sie unsere ganze Truppe hier herein kommen gesehen hatten."

Also, das war die nächste wertvolle Information. Einer hoffentlich immer noch heißen Spur folgend begab er sich zum Kabinendeck. Das am nächsten liegende war jenes der 1. Klasse.

Er klopfte an die erstbeste Tür. Ein ziemlich grantig-betrunkener Mann, der offensichtlich in einer dringenden Angelegenheit gestört worden war, öffnete ihm die Tür. Ein kurzes „Verzeihung, ich habe mich in der Tür geirrt" und ein rasches Verlassen des Schimpfwörter vor sich hin murmelnden Mannes beruhigte die

Situation. Einige vergebliche Klopfversuche später erblickte er eine nur angelehnte Tür, welche er vorsichtig öffnete.

Nachdem kein irgendwie gearteter Laut auszumachen war, trat er vorsichtig ein. Es war keine Menschenseele im Zimmer, dennoch kam ihm sogleich etwas komisch vor. Zuerst wusste er nicht, was es war, aber dann sah er es. Ein gerahmtes Bild stand auf einem der beiden Nachtkästchen, und die beiden darauf abgebildeten Personen kannte er. Es waren der Zwillingsbruder seiner bösen Ehefrau Jo-Anna und dessen Ehegattin, die, soweit er sich erinnern konnte, einen französischen Vornamen hatte, der ihm gerade partout nicht einfallen wollte. Jedenfalls lag neben dem Foto ein Gummiball, etwas, das eher auf ein Kind schließen ließ, denn auf zwei Ewig-Verliebte. Es keimte eine vage Hoffnung in ihm auf, dass Colin und seine französische Frau auf die Kinder getroffen sein könnten.

Gerwin setzte sich kurz auf das Bett und versuchte sich vorzustellen, was Colin gedacht haben könnte, als die Kinder bei ihm aufgetaucht waren, falls dies so geschehen sein sollte.

In Colins Situation hätte er sicher so rasch wie möglich versucht, die Kinder von Bord zu bringen. Aber womit?

Nach einigem Nachdenken fiel ihm sein letzter Besuch auf der Titanic II ein. Im Geiste bewegte er sich auf dem Schiff und suchte eine Lösung, denn er wusste, dass Colin und dessen Frau diese Titanic bereits wie ihre Westentasche kannten, so oft waren die beiden bisher mit dem Schiff in den Untergang gereist. Weniger, weil sie die angebotenen kulinarischen und alkoholischen Genüsse konsumieren wollten, der Grund war einfach, dass sie tatsächlich eine Schiffsreise angetreten hatten, als sie einander begegnet waren und lieben gelernt hatten. Diese Tatsache führte sie im monatlichen Rhythmus hierher. Gerwin bestieg also Colins Gehirnwindungen und ging dessen vermutlich abgegangenen Wegen auf dem Schiff nach. Nach kurzer Zeit hatte er die wenig spektakuläre Lösung parat: Es gab an Bord ein Rettungsschiff, aber es war ohne Paddel oder sonstigen Hilfsgerätschaften ausgestattet und bot Platz für höchstens drei oder vier Personen von winziger Statur. Da fiel plötzlich der Gummiball vom Nachtkästchen. Gerwin schrak von seinen Gedanken hoch, denn dass der Gummiball heruntergefallen war, konnte nur heißen, dass sich das Schiff bereits um wenige Grade geneigt haben musste. Der Sinkprozess musste begonnen haben.

Er hetzte sogleich zum Oberdeck und suchte nach dem Rettungsboot, und falls es verwendet worden war, dann nach der leeren Halterung dafür, womit schließlich dessen Benützung als gesichert angenommen werden könnte. Das Prinzip des Ausschlussverfahrens war ihm schließlich als Akademiker bereits in Fleisch und Blut übergegangen. Würde er noch leben, eine erfolgreiche Teilnahme an der Millionenshow wäre ihm sicher gelungen.

Auf dem Oberdeck angekommen fand er den Platz ziemlich rasch, an dem das Boot gehangen sein musste, genauso rasch fand er aber eine Leiche, die auf dem Bauch direkt unterhalb der Halterung lag und einen übel zugerichtete Kopfwunde hatte. Der Mann musste hinterrücks mit einem Baseballschläger oder ähnlichem Bekanntschaft gemacht haben, wobei Bekanntschaft normalerweise einen Augenkontakt beinhalten würde, worauf hier jedoch irgendjemand partout verzichten wollte.

Vorsichtig, und voller böser Vorahnungen drehte er die Leiche um, die ihm inzwischen entgegen rutschte. Er erschrak dennoch beim Anblick des Gesichtes oder dem, was noch heil davon war und den Namen Gesicht verdiente. Es war, wie von ihm vermutet, der Zwillingsbruder seiner Ex-Frau Jo-Anna, ein Mann, den er eigentlich immer sehr geschätzt hatte, seit er Colin und dessen Frau hier in der Hölle kennengelernt hatte. Auch wenn Colin am nächsten Morgen wieder der Alte sein würde, ihn erschraken diese Leichen jedes Mal von Neuem bzw. eher das, was die Menschen während des Sterbevorgangs jedes Mal immer wieder neu erleiden mussten. Er war sich sicher, dass Jo-Anna das Hirn bei der Erfindung dieses seltsamen und grausamen Ablaufs jedes Themenparks in Hell City war. Er hoffte es zumindest, denn seinen Sohn hatte er sich trotz der schlechten Gene dieser Mutter anders vorgestellt oder gewünscht. Vage Hoffnung war in ihm aufgekeimt, als er an diesem Tag seine Schwiegertochter kennengelernt hatte, denn wie hätte sich diese Frau jemals in seinen Sohn verlieben können, hätte dieser die alleinigen Gene Jo-Annas. Er konnte und wollte das nicht glauben, irgendetwas MUSSTE er doch von ihm auch geerbt haben!

Seine Gedanken waren zu weit abgeschweift, er riss sich am Riemen und überlegte krampfhaft weiter, was passiert sein könnte, als die Leiche von Colin immer mehr ins Rutschen kam. Es war inzwischen höchst angeraten, den Hubschrauber herbeizurufen oder -zuwinken.

Das Rettungsboot war weg, die Kinder waren, weg, die Frau von Colin – ihr Name war immer noch aus seinem Gehirn verschwunden – war ebenso weg. Eigentlich ein gutes Zeichen. Er lehnte sich noch ganz kurz über die Reling, in der Hoffnung, das Rettungsboot noch rasch ausmachen zu können, aber er konnte nichts sehen, dafür bemerkte er, dass sich die Titanic II bereits immer mehr in der Phase des nahen Untergangs befand, der hier im Gegensatz zum Original weitaus kürzer verlief. Das Original hatte nach dem Crash mit dem Eisberg schließlich noch ca. 2,5 Stunden Zeit gehabt, in der einige Tonnen Wasser ins Schiff eingedrungen waren und in der es immer mehr in Steillage kam, ehe es zerbrach und relativ rasch in den Tiefen des Meeres versank.

Hier war es eher so, dass normalerweise nach dem Zusammenstoß noch knapp eine Dreiviertelstunde gar nichts passierte, dafür spielten sich das Eindringen der Wassermassen, die Steillage, das Bersten und Sinken des Schiffes innerhalb einer Viertelstunde ab, um in den Besuchern von Hell City gleich keinerlei Hoffnung auf Rettung aufkeimen zu lassen.

Nach seiner Rechnung blieben ihm wahrscheinlich nicht einmal mehr fünf Minuten, in denen er in den Hubschrauber gelangen musste, um hier wegzukommen. Er hatte dem über der Titanic kreisenden Hubschrauber schon längst gewunken. Er konnte auch sehen, dass Rufus ihm ebenfalls deutete, dass sie ihn holen würden. Leider war dieses Kreisen des Hubschraubers über dem Schiff seit einer knappen Viertelstunde nicht verborgen geblieben, zumindest nicht der Besatzung, die in geringer Anzahl bereit stand.

Die Höllen-Titanic kam hier nur mit zehn Schergen aus, darunter der Kapitän, die nur aus dem Grund an Bord waren, um keine einzige Menschenseele davon kommen zu lassen. Das war strikte Anordnung Jo-Annas. Für den Fall, dass es jemand irgendwie schaffen sollte, vom Schiff zu kommen, hatte sie die Anweisung zum Erschießen erteilt. Diese Anweisung kam den brutalen Leuten sehr zupass, schließlich waren sie auch im früheren Leben für ihren wenig sanften Umgang mit anderen Menschen bekannt gewesen.

Als diese angelernten Seeleute herausgefunden hatten, dass der

Hubschrauber wieder näher gekommen war, kamen sie von der Kommandobrücke herausgestürzt, der Kapitän hatte sogar das Gewehr in der Hand und zielte bereits auf ihn, als der Hubschrauber nur in ganz geringer Höhe über der Titanic II schwebte.

Erst als groß und breit Rufus in der Türöffnung zu sehen war und ihnen deutete, dass sie schleunigst verschwinden sollten, bewegten sie sich im Retourgang. Der Kapitän und seine Männer waren so perplex, als sie den Sohn ihrer Chefin bzw. den Oberbefehlshaber von Hell City vor sich sahen, dass sie von ihrem fixen Vorhaben, Gerwin zur Strecke zu bringen, Abstand nahmen, zumal sich das Schiff bereits immer steiler aufrichtete und sie alle zu rutschen begannen.

Rufus warf seinem Vater, der sich ganz fest an die Reling geklammert hatte, das Seil mit dem Rettungssitz zu. Es blieb ihm nur noch Zeit, den Sitz irgendwie in Sekundenschnelle zu packen. Zum Hineinklettern, geschweige denn zum Sichern hatte er keine Sekunde Zeit mehr übrig.

Er schwebte weg von der Titanic II, die kurz darauf beinahe senkrecht stand, auseinanderbrach und versank. Rufus und Svenja bemühten sich, ihr Familienmitglied so rasch wie möglich hinaufzuziehen und waren in höchstem Maße bereit, auf seinen Bericht über den Verbleib ihrer Kinder zu warten. Ihre Sorge um die Zwillinge hatte sich nun nämlich verdoppelt, da er ohne sie hochgezogen werden musste.

Laurenz missbilligte offensichtlich mein Weinen nach unserer Mama ein wenig, denn er nannte mich zum wiederholten Male eine „Memme". Ich ließ mir das nicht gefallen, packte ihn am Arm und schrie ihn an: „Sag' das ja nicht noch einmal! Sonst sage ich es der Mama, und dann bekommst du Probleme!" Ich wusste zwar nicht ganz genau, welche, aber das war mir egal. Jedenfalls riss ich an seinem Pinguin, er wollte ihn mir wieder wegnehmen, aber schließlich bekam ich den „Dickbauch" zu fassen und riss an. Da passierte das Malheur. Ich hatte ihm den Rücken auf- und gleichzeitig seinen wunderheilenden Inhalt herausgerissen. Weil ich aber den Halt dabei verlor, plumpste ich zu Boden, die „Badewanne" wackelte und schaukelte bedenklich. Leider war der Stoff der Füllung ebenso aufgerissen, sodass bei meinem Abschwung Richtung Boden sämtliche Kirschkerne vom „Dickbauch" ins Meer fielen. Eigentlich hatte der Stoff nur ein klitzekleines Loch, dennoch war dies groß genug, eine Katastrophe für Laurenz zu bedeuten.

Jetzt weinte allerdings die angebliche Anti-Memme bitterlich, nachdem er nach mir getreten hatte. Ich musste mir beinahe ein Grinsen wegen seiner Flennerei verbeißen. Hätte ich tatsächlich gegrinst, hätte ich mir seinen nächsten Zorn gesichert, womöglich auf Lebzeiten hinaus.

So tat ich einfach, als würde ich mit ihm leiden und schaute verzweifelt den Kirschkernen hinterher, während ich ihm den leeren Stofffetzen, vorsichtig wie eine weiße Fahne wehend, hinhielt.

Es hatte einfach keinen Sinn mehr, uns zu streiten. Wir waren vollkommen mutter- und vaterlos hier auf dem Wasser. Zum Glück bekamen wir ständig von unserer Mutter, heute auch von Fabienne und Colin alle paar Minuten eingetrichtert, dass wir uns auf keinen Fall ohne Schwimmflügel ins Wasser begeben sollten. Es war, wie wenn man immer wieder ein Glas mit Wasser von weitem mit Sand bewirft, irgendwelche Sandkörner landen immer im Glas. So war es auch mit dem Satz: „Ihr dürft nur mit den Schwimmflügeln UND der Mama oder dem Papa ins Wasser!" Insoweit hatte diese Eintrichterung ihre Wirkung nicht verfehlt, denn wir trauten uns nicht einmal, den kleinen Zeh ins Wasser zu halten, davon abgesehen wäre es uns sowieso viel zu kalt gewesen, zumal die Temperatur des Meeres von einer Badewannentemperatur so weit weg war wie ich von einer Ehefrau. Selbst in unserem zarten Alter kann man schon so viel Glück haben...

Laurenz und ich überlegten, wie wir ohne Ruder jemals vom Fleck kommen sollten, ich wollte nämlich heim zu Mama und außerdem musste ich Lulu. Laurenz war außer sich: „Du machst hier ins Boot SICHER NICHT Lulu!!"

Während er sich dermaßen echauffierte, sah ich, in der entgegengesetzten Richtung hinter ihm, in der das Schiff immer kleiner wurde, einen Hafen. Er war nur winzig, aber vermutlich war es der gleiche Hafen, von wo wir in unser Abenteuer gestartet waren. Ich zwickte Laurenz, der nichts Besseres zu tun hatte, als mich daraufhin zu rempeln, aber irgendetwas musste geschehen!

Da hörten wir ein leises Brummen. Ziemlich weit von unserer kleinen Behausung entfernt, flog etwas. Laurenz schrie entzückt: „Der Rettungshubschrauber! Da ist jemand ganz krank. Der muss helfen!"

Wir schauten gespannt dem Hubschrauber zu, wie er über dem winzig klein gewordenen Schiff im Kreis flog und schließlich irgendetwas vom Hubschrauber hinunter gelassen wurde. Danach flog der Hubschrauber unzählige kleine Runden, blieb aber immer über oder in der Nähe des Schiffes. Meine Güte, das war spannend, und wir saßen hier auf dem Boot fest. Man stelle sich vor, es würde im Kino „Der Herr der Ringe" gespielt, und man müsste sich den Film draußen vor der Tür anhören, weil man nur eine halbe Eintrittskarte bekommen hätte. So oder so ähnlich fühlte ich mich. Ein Hubschrauber-Einsatz! So nah, und ich darf nicht dabei sein! Was denken die sich eigentlich dabei?

Es passierte lange nichts, außer dass schön langsam das Licht immer schwächer wurde, und Laurenz sich immer enger an mich drückte. Von wegen Memme, ich weiß jetzt, wer eine ist. Das hilft mir aber auch nichts.

Irgendwann, ich hatte die Hoffnung bereits aufgegeben, dass noch eine Veränderung eintreten würde, bewegte sich der Hubschrauber nicht mehr und blieb nur über dem Schiff schweben.

Danach flog der Hubschrauber in konzentrischen, immer größeren Kreisen über das Schiff hinweg, das sich schließlich sogar senkrecht in die Höhe aufstellte und versank! So etwas Spannendes hatten wir noch nie seit dem Abschleppwagen, der ein Auto, das den städtischen Linienbus behinderte, hochhievte und in seinem Kofferraum verstaute, gesehen. Uns blieb tatsächlich jedes Wort im Mund, hinter dem Zungenansatz stecken.

Dieses neue Schiffe-versenk-Spiel mit dem kurzen Aufbäumen müssen Laurenz und ich in der Badewanne auch mal mit unseren Schiffen versuchen, ein tolles Spiel! Jedenfalls kam der Hubschrauber immer näher, während wir warteten, ob das Schiff wieder an die Wasseroberfläche kommen würde. Ganz plötzlich war der Hubschrauber über uns, und ein paar Leute winkten uns fröhlich zu.

Laurenz und ich sind ja manchmal auch lustig aufgelegt. Die Leute hatten Glück, wir waren gerade guter Laune, auch wenn sich unsere Großtante der Grußaktion immer noch nicht anschließen wollte.

Wir winkten und winkten, da wollten uns wahrscheinlich die Leute aus dem Hubschrauber in unserem Boot besuchen, denn einer ließ sich an einem Seil samt Sessel, den er aus der offenen Tür fallen ließ, zu uns herab.

„Der hat vielleicht Nerven! Was will der Mann bei uns? Wir haben eh schon so wenig Platz! Der soll sich doch ein anderes Schiff suchen! Nur, weil die auf dem großen Schiff keine Leute mehr haben wollen, will der wohl jetzt zu uns!", sinnierte ich laut vor mich hin und nickte Laurenz zu, dass er mir recht geben sollte, was dieser auf seine Art auch tat, er klappte den Mund zu. Auch recht.

„Papa!!", schrie er plötzlich.

„Wo ist der Papa?", fragte ich noch blöd und sah mich um, da sah ich ihn endlich auch. Er war derjenige, der zu uns ins Boot kommen wollte. Na gut, für Papa wollten wir ein wenig Platz machen. Der Papa umarmte uns kurz, da blitzte sogar so etwas wie ein Wasserspritzer vom Meer an seinem linken Auge. Jedenfalls verlor er wenige Worte, wie sein Sohn, wenn dieser mal erstaunt ist, und setzte zuerst Laurenz in den Sessel. Dann zogen

ein Mann und – die Mama!!! – meinen Bruder zu sich hoch. Ich sah so gebannt zu, dass ich beinahe übersah, dass der Sessel zurückkam und ich von Papa ebenso hineingesetzt worden war.

Gleich danach hievten mich Mama und der fremde Mann, der mir später als unser Großvater aus dem Hut gezaubert worden war, ins Cockpit, das noch um drei Potenzen spannender war als das zuvor Erlebte.

Mama ließ noch einmal etwas mit dem Sessel hinunter, das wie ein Rucksack aussah. Anscheinend wollte Papa verreisen, der Papa kam jedenfalls nicht mehr zu uns herauf, denn der Hubschrauber-Mann drehte ab und flog mit uns an Land, während Mama uns fast mit ihrer Liebe erdrückte oder mit ihren Tränen dem Ertrinken nahe brachten. Da hatten wir so viel Wasser rund um uns überlebt, nun sollten wir wohl mit Tränen ertränkt werden, eigenartige Weise, seine Freude zu zeigen…

Svenja und Gerwin hatten längst entdeckt, wessen Leiche in dem kleinen Rettungsboot liegen musste, weil er nach seiner Rückkehr von der Titanic II über den Fund der Leiche von Jo-Annas Zwillingsbruder berichtet hatte. Damit war klar, dass Fabienne mit dem großen Einschussloch im Rücken, von dem die Kinder berichteten, derart als Schutzschild den Kindern das Sterbeszenario erspart hatte.

„Colin hat mir immer schon leid getan, vor allem, was ihm Jo-Anna alles angetan hat", sinnierte Gerwin vor sich hin, „sie hat es mir einmal auch noch hämisch grinsend und voller Stolz erzählt."

Svenja war hellhörig geworden. „Was hat sie denn mit ihm gemacht?"

Colin erzählte über Funk direkt in Svenjas Ohr, ohne dass die Kinder es hören konnten: „Sie war immer darauf eifersüchtig, dass sie nicht alleine die Aufmerksamkeit ihrer Eltern hatte, zudem war Colin irgendwie der Liebling geworden, das konnte sie nie verwinden. So hatte sie bereits im zarten Alter von fünf Jahren beschlossen, ihn ins Jenseits zu befördern."

„Das gibt es doch wohl nicht!", war sie entsetzt.

„Freilich, sonst wäre sie ja wohl kaum zur Chefin der Hölle avanciert. Alles gibt es. Aber weiter: Sie hat, als sie die Eltern bei der Feldarbeit wähnte, während ihr Bruder von Fieberschüben geschüttelt in seinem Bett geschlafen hat, Feuer gelegt und ist davon gelaufen. Zu ihrem Pech kamen die Eltern zu früh nach Hause. Der Vater, weil er etwas holen wollte, die Mutter, weil sie gleich die Gelegenheit dazu benützen wollte, nach ihrem kranken Kind zu schauen. Sie bemerkten das Feuer, der Rest stammt aus Colins Berichten, und trugen ihn in Richtung Haustür. Da der Rauch bereits nicht nur die Sicht, als auch die Atemluft dermaßen minimierte, dass sie auf dem Boden dahin kriechen mussten, verloren die Eltern irgendwann das Bewusstsein. Colin konnte sie nicht vom Fleck bewegen, aber die Haustür war direkt vor ihm, er schaffte es gerade noch nach draußen, weil ihm die Mutter ihre Schürze lange genug über Mund und Nase gehalten hatte, sodass er noch nicht so viel Kohlenmonoxid wie sie eingeatmet hatte. Er lief in seiner Panik zum Nachbarhof, wo er voller Sorge um seine

Eltern die Nachbarin antraf. Sie hat ihn versorgt, aber für die Eltern kam natürlich jede Hilfe zu spät."

„Um Himmels Willen! Das ist ja furchtbar! Wie ging es dann mit Jo-Anna und Colin weiter?"

„Der Plan von Jo-Anna war ja gründlich schief gelaufen für sie. Ich mag mir gar nicht im Detail vorstellen, wie wütend sie erst recht danach auf ihren Bruder war. Nach Colins Bericht hat sie ihn ständig gepiesackt, wo sie nur konnte. Jedenfalls sind die beiden zu einer weit entfernten Verwandten, einer alten Jungfer, gekommen, die Kinder hasste, zumindest Buben. Damit begann das nächste Martyrium für Colin. Die beiden Frauen im Haus machten ihm das Leben zur Hölle, dagegen ist diese Hölle hier ein Spaziergang. Als die Zwillinge das 15. Lebensjahr erreicht hatten, unterbreitete ihm Jo-Anna ein Angebot, das er in seiner Verzweiflung annahm."

Die Hände vor Entsetzen vor den Mund haltend, fragte Svenja aufgeregt: „In Gottes Namen, welches Angebot denn?"

Gerwin berichtete weiter: „Mit der Annahme des Angebotes von Jo-Anna, dass sie zu ihrer beider Rettung vor dem Drachen, wie sie ihren Vormund nannte, diesen unauffällig beseitigen wollte. Mit der Annahme des Angebotes war Colin die Aufnahme in die Hölle somit gewiss. Gott hätte ihm das nicht verziehen, dachte er, er hatte sich schließlich des Mordes an der Jungfer mitschuldig gemacht, indem er Jo-Anna sein Einverständnis dazu gegeben hatte. Sie wollte sich prinzipiell von der Last eines Vormundes befreien, sie hätte die Frau, die sie beide aufgenommen hatte, so oder so umgebracht, aber sie wollte, dass er sich mitschuldig machte. Sie hatte zudem für dieses Einverständnis auch „gute" Vorarbeit geleistet."

„Das ist ja alles unglaublich!", Svenja war fassungslos. „Dennoch ist mir noch unklar, warum Colins Frau nun in der Hölle ist, die erscheint mir auch nicht wirklich von der bösen Sorte Mensch zu sein."

„Ja, das ist einfach zu erklären und wahrlich romantisch. Es ist die wahre Liebe und dennoch kaum zu glauben. Fabienne war kurz nach Colin gestorben, beide waren in etwa 45 Jahre alt. Jedenfalls wäre Fabienne in den Himmel gekommen, aber sie hatte Gott und Petrus auf Knien angefleht, Colin nach oben kommen zu lassen. Gott wäre dazu eigentlich bereit gewesen, aber Jo-Anna hat seine

Seele dermaßen gut gesichert irgendwo hier in der Hölle eingeschlossen, dass die Abholung von Colin somit unmöglich war. Als Fabienne erkannte, dass ihr geliebter Colin nicht in den Himmel kommen konnte, hat sie Gott dazu überredet, sie ebenfalls in die Hölle fahren zu lassen. Schweren Herzens und nach endlosen, vergeblichen Überzeugungsversuchen Gottes hat er dann ihrer Bitte stattgegeben und sie mit dem Aufzug nach unten fahren lassen. Fabienne hat ihren Colin bald gefunden, und seitdem sind sie noch keinen einzigen Tag getrennt gewesen. Morgen früh allerdings werden sie wohl getrennt voneinander, aber dennoch wieder aufwachen. Sie wissen jedoch zumindest, wo sie sich rasch wieder finden können. Aber es war ein Liebesbeweis an die Kinder, dass sie sich beim Sterben hatten für sie trennen lassen."

Bei den letzten Worten liefen Svenja die Tränen über das Gesicht, und sie musste sogleich ihre Zwillinge, die sie nun endlich wieder hatte, erneut abküssen und drücken, was diese erfreut zuließen. Die beiden waren ziemlich abgelenkt dadurch, dass sie vom Seitenfenster des Hubschraubers alles genau betrachten konnten, denn der Flug war genauso aufregend wie das bisher Erlebte, und plötzlich hatten sie einen neuen Großvater bekommen, den sie ebenfalls neugierig beäugten. Ein Tag voller Aufregungen und neuer Eindrücke neigte sich für sie dem Ende zu.

Rufus hingegen musste sehen, wie er mit dem Rettungsboot inklusive der Leiche seiner Tante ohne Paddel an Land kommen würde, schließlich war es irgendwann einmal seine Idee gewesen, bei dem einzigen echten Rettungsboot, das er an Bord der Titanic II – aus welchen Gründen auch immer, denn er wusste es nicht mehr – gelassen hatte, die Paddel entfernt hatte.

Er packte jetzt einfach den Rucksack aus, nahm den Fallschirm heraus und begann den Rucksack durch das Wasser zu ziehen, ganz so wie sich eine Qualle fortzubewegen pflegt. Mit diesem Quallen-Prinzip, das die Oberarmmuskeln im höchsten Maße beanspruchte, dauerte es lediglich zwei Stunden, bis er ans Ufer gelangte. Er war dennoch inklusive seiner Tante, die er ab dem Hafen trug, gegen Mitternacht zu Hause. Er legte seine Tante auf die Couch in seinem Büro, wo sie am nächsten Morgen sowieso ihren Mann in die Arme schließen könnte.

28

Unterdessen im Himmel...

Inzwischen hatte es sich wie ein Lauffeuer herumgesprochen, welche Aufregung in der Hölle oder genauer in Hell City um „ihre" Kinder herrschte, und so fanden sich auch Maria, Josef, Jesus' Freundin Maria Magdalena, Johannes der Täufer sowie alle Apostel in der Überwachungszentrale ein. Sie alle hatten mitgezittert mit Jesus, Petrus, den Erzengeln und natürlich Gott um die Zwillinge, ob Rufus und seiner Rettungsmannschaft die Aktion gelingen würde und die Kinder den nächsten Morgen unbeschadet um Leib, Seele und Psyche überstehen würden.

Am meisten machte sich aber Jesus Sorgen um seine künftigen Kindergartenkinder, schließlich würden die Zwillinge ja ihm zugeteilt werden. Einige Tränentropfen hatten sich in den Augenrändern erst ganz vorsichtig zusammengerottet und gewartet, bis Jesus die Kontrolle über sie verlor, dann erst sprangen sie hervor und liefen vor dem sicher zu erwartenden Wischen auf und davon. Jesus war aber nicht der Einzige, der mit diesen vorwitzigen Tränen zu kämpfen hatte, die meisten der Anwesenden hatten den Taschentüchern zum Einsatz verholfen, so auch Maria Magdalena, deren Hand sich sachte in Jesus' freie Hand stahl und sie drückte, ohne einen Blick vom Monitor zu wenden.

Nach der geglückten Rettung der Kinder fielen sich alle Anwesenden erleichtert in die Arme. Das Geröll, das sich bei allen vom Herzen talwärts begab, war beinahe zu hören. Aber dadurch, dass alle mit Jubeln und gegenseitigem Umarmen beschäftigt waren, schenkte niemand diesem Geröll-Geräusch Gehör.

Für Jesus und Maria Magdalena war relativ rasch klar, als sie das Missgeschick um Laurenz' Pinguin mit ansehen mussten, dass sie Laurenz helfen wollten. Der bevorstehende 3. Geburtstag der Zwillinge und der glückliche Ausgang ihres Abenteuers bot den Anlass dazu, ihre Idee umzusetzen.

Zuerst aber musste ein Körbchen voller Kirschen gegessen werden. Jesus verteilte das mitgebrachte Steinobst seiner Mutter an alle mit dem Hinweis, dass sie ihm die Kerne, möglichst sorgsam vom Kirschfleisch befreit, wieder retournieren sollten.

Die Aufregung rund um ihren Ausflug auf die Titanic II war ebenso nervenaufreibend gewesen wie die Tatsache, dass die Zwillinge morgen ihren 3. Geburtstag feiern durften, was angesichts des besonderen Umstandes, dass sie dabei tot sein sollten, schon einzigartig war.

Aber wie macht man eine schöne Geburtstagsfeier, zu der kein einziges Kind eingeladen werden kann, sondern zu der nur die Eltern, der Großvater, der Großonkel und die Großtante als Gäste geladen werden können und wo nimmt man in der Hölle Geschenke her oder bäckt ohne die benötigten Extra-Zutaten, wie Schlagobers, Obst oder Pudding etc. irgendeine besondere Torte?

Eine gute Frage, denn die Kinder waren bereits voller Aufregung um ihren großen Ehrentag und kaum zum Einschlafen zu bewegen.

Als dies endlich geschafft war, gingen Gerwin und Svenja, solange Rufus noch nicht zu Hause war, ans Werk, schließlich wollten sie den Kindern einen unvergesslichen Geburtstag bescheren. Sie setzten sich zum Computer, Svenja schickte Colin ein Mail, wo er seine Fabienne am Morgen finden würde und dass sie sich auf das Kennenlernen und die Geburtstagsfeier freuen würden, zu der er mit seiner Frau, die ja bereits hier sein würde, herzlich eingeladen wäre.

Zusätzlich lud sie sich aus dem Internet Ideen für und die Anleitung zu einigen Spielen herunter, Gerwin hatte sich farbiges Kopierpapier geholt und stanzte mit dem Locher Konfetti, danach untersuchte Svenja Rufus' Kühl-Gefrierkombination nach essbaren Utensilien, wobei sie zumindest zwei Dreierpackungen Tiefkühlpizza sowie eine Packung Eislutscher fand. Im Küchenkasten fanden sich sogar noch ein paar Zutaten, um einen einigermaßen einfachen Kuchen zu backen, sogar eine kleine Backform fand sich in dem Chaos der Küchenutensilien. Svenja ließ es sich also nicht nehmen, einen Schokoladenkuchen zu backen, schließlich hatte Rufus Schokolade bis zum Abwinken in seiner Süßigkeiten-Lade.

Das Essen würde also zumindest nach dem Geschmack der Kinder einigermaßen brauchbar sein, auch wenn es kein besonderes Highlight war, denn Geburtstagskerzen fanden sich keine, ebenso keine Luftballons oder ähnliches. Gerwin hatte ein paar lustige Spiele gefunden, er hatte ebenso eine Schale voll mit Konfetti zum Herumstreuen zustande gebracht, aber ganz zufrieden waren sie alle noch nicht, es fehlten einfach ein paar Kleinigkeiten, die als Geschenke fungieren und die den Kindern Freude bereiten sollten.

Als alle Vorbereitungen getroffen waren, kam Rufus endlich heim und setzte sich mit seinem Vater ins Büro, das ihm Svenja für das nähere Kennenlernen seines Vaters vorgeschlagen hatte, wo sich nun auch Fabienne wieder akklimatisieren konnte. Seine Frau legte sich kurzerhand zu den Kindern und hoffte, dass sich Rufus und Gerwin auch näher kommen würden, zumal sie Gerwin gebeten hatte, zur Geburtstagsfeier der Kinder morgen früh ebenfalls anwesend zu sein. Sie hörte daher auch nicht das Telefonklingeln, das Rufus' Gespräch mit seinem Vater kurz unterbrach.

30

Unterdessen im Himmel...

Erzengel Raphael hatte an diesem Abend den Bereitschaftsdienst bei der Überwachungsanlage übernommen, denn Petrus wäre vor lauter Müdigkeit beinahe auf der Computeranlage eingenickt und hätte einige Schaltknöpfe unbeabsichtigt aktiviert. So sah er sich kurzerhand gezwungen, sich für einige Stunden hinzulegen und Erzengel Raphael, der besser ausgeruht war, diese Aufgabe zu überlassen. Raphael hatte jetzt eher unspektakuläre Ereignisse zu beobachten, sah er doch lediglich den Erwachsenen bei der etwas glücklosen Geburtstagsvorbereitung zu. Die Kinder taten ihm leid, denn diese Feier würde sogar einem Menschen, der der vielen Geburtstagsfeiern in seinem Leben bereits überdrüssig geworden wäre, dürftig erscheinen. Ein Geschenk sollte für die Kinder gefunden werden, zumindest eine kleine Überraschung sollte es werden. Raphael zerbrach sich gerade den Kopf, als ein gelangweilt dreinblickender Monteur in die Zentrale eintrat und nur Raphael vorfand, dem er lapidar berichtete: „Die Aufzüge funktionieren wieder". So belanglos er dies auch gesagt hatte, ihre Wirkung verloren die Worte jedoch nicht. Raphael sprang vom Drehstuhl hoch, rannte zum Telefon und weckte Petrus, der noch nicht einmal drei Stunden geschlafen hatte, indem er ihm die gute Nachricht ins rechte Ohr direkt hinein schrie.

Petrus war plötzlich hellwach, aktivierte Gottes Piepser, der wiederum Gott veranlasste, in die Zentrale zu kommen, und rannte selbst auch sogleich dort hin.

Zu dritt überfielen sie nun den Monteur mit vielerlei Fragen, die dieser zwar ebenso gelangweilt wie genau beantwortete, woraufhin Gott beschloss, Rufus anzurufen, um ihn zu instruieren, wann er die Kinder herauf schicken sollte. Da zupfte ihn Raphael sanft am linken Ärmel: „Wäre es nicht auch für die Kinder schöner, wenn wir sie mit ihrem Vater noch ihren Geburtstag feiern ließen, bevor wir sie hier empfangen wollen?"

Etwas erstaunt blickten ihn die anderen an, aber nach kurzer Pause, in der sie Raphaels Gedanken von ihren Synapsen zu den richtigen Stellen weitersenden ließen, mussten sie ihm recht geben. „Außerdem überlege ich die ganze Zeit, ob wir nicht eine

Idee für ein Geburtstagsgeschenk für die beiden hätten?", fügte er noch rasch hinzu.

Petrus setzte sich und strich sich wiederholt den Bart. „Was wäre, wenn wir, jetzt wo der Aufzug wieder funktioniert, vorher etwas zu Laurenz und Leander hinunterschicken? Etwas, das ihnen eine Freude machen würde?", überlegte er. „Andererseits, womit hätten sie wohl am meisten Freude?", setzte er noch hinzu.

Während Raphael, Gott und der Monteur, der sich nicht ganz sicher war, ob er auch zum Nachdenken angehalten wäre, sich ihre Gehirne zermarterten, spann Petrus, so unausgeruht er war, dennoch weiter: „Ich glaube, sie wären am glücklichsten, wenn sie noch ein Weilchen ihr Leben weiterleben dürften, zur Schule gehen, Freunde kennenlernen, die Mama-Oma wiedersehen dürften, die erste, zweite, dritte Liebe finden könnten. Sie sollen vom Fahrrad fahren aufgeschundene Knie erleben dürfen, ihr wisst schon, leben einfach! Und unsere Svenja, die könnte sich ja vielleicht in einen anderen Kerl verlieben oder so. Was haltet ihr davon?"

Nun war Gott an der Reihe, alle Anwesenden sahen ihn fragend und beinahe flehend an, so überzeugt waren sie von dem positiven Geistesblitz Petrus'. Gott zwirbelte an seinem ebenso langen wie gepflegten Bart herum und marschierte in der Zentrale auf und ab. Nach schier endlosen Minuten meinte er: „Ich kann doch nicht einfach die bereits festgelegten Abläufe verändern, zumindest nicht ohne triftigen Grund. Das muss ich mir noch etwas überlegen. Andererseits gebe ich Petrus recht, im Grunde hätten sich die Kinder ein schönes Leben verdient, ganz zu schweigen von ihrer Mutter. Mütter sind ganz besondere Wesen, die für ihre ständige Bereitschaft, Sorge und Verantwortung um die Kinder schon alleine deswegen wie Königinnen behandelt gehörten. Im Grunde hat sich keine Mutter verdient, in der Hölle zu landen und Jo-Anna ausgeliefert zu sein. Ich werde Rufus jetzt anrufen und ihm mitteilen, dass er seine Familie morgen Nachmittag zum Aufzug bringen soll, danach sehen wir weiter. Und als Überraschung und zum Spielen mit den Kindern könnt ihr ja einen meiner Segways in den Lift stellen und zu Rufus schicken. Er kann dann morgen mit den beiden Geburtstagskindern wenigstens ein paar Runden drehen."

Gott hatte sich also Bedenkzeit auserbeten und somit die Diskussion kurzerhand beendet, zumal noch viel organisatorische

Arbeit vor ihm lag.

Schließlich musste er alle verfügbaren Erzengel anpiepsen lassen und bestellte sie zu einer Besprechung in sein Büro.

Bei der Besprechung war wiederum, als Vorgesetzter der Erzengel, Petrus anwesend, der hier auch gleichzeitig als Protokollführer fungierte.

Gott und Petrus teilten die Haupt-Aufzüge den jeweiligen Erzengeln zu, die normalerweise bei jenen in der Nähe liegenden Schleusen ihren Dienst verrichteten, wo sie sonst auf die Neuankömmlinge warteten. Die weniger prominenten Aufzüge wurden mit einfachen Engeln besetzt.

Es gab keine Streiterei um die jeweiligen Posten, die es zu besetzen gab, alles lief sehr gesittet und reibungslos ab. Dennoch gab ihnen Gott den guten Ratschlag für den morgigen Tag: „Wir erwarten für morgen eine ganze Menge Neukundschaft. Womöglich gibt es Streit oder Raufereien um die ersten Plätze in den Aufzügen. Ihr habt es ja schon Tausende Male gesehen, dass sich die Menschen sogar bei vorab fixierter Sitzplatzvergabe beim Einstieg in die Flugzeuge noch vordrängeln müssen!"

Er führte weiter aus: „Ihr seid gefordert, die Menschen zu beruhigen und ihnen allen zu versichern, dass jeder einzelne, der wieder im Besitz seiner Seele ist, herauf geholt werden wird. Es liegt in eurer Hand, diese Menschenmenge ruhig zu halten und zu kalmieren, falls es nötig sein wird. Ich wünsche euch gutes Gelingen!"

Petrus hatte aber noch eine wichtige Aufgabe für sie: „Nachdem diese Rückholaktion einige Zeit in Anspruch nehmen wird, werdet ihr morgen bei euren Schleusen von einigen, noch nicht so gut ausgebildeten oder sagen wir, noch nicht so erfahrenen Engeln vertreten. Heute Abend müsst ihr diese noch für alle Eventualitäten instruieren. Ich will morgen hier an den Schleusen bei den anderen Neuankömmlingen kein Chaos erleben. Ich wünsche euch und euren Vertretern für morgen ebenfalls gutes Gelingen. Ich bin sicher, es klappt alles bestens."

Petrus und Gott verabschiedeten noch die Erzengel mit einer Umarmung und „beteten" bei sich selbst für einen reibungslosen Transport aller für morgen erwarteten Neuankömmlinge von hüben wie drunter. Danach telefonierte Gott mit Rufus.

Unterdessen in der Hölle bei Jo-Anna…

Heinrich der Achte hatte nach seiner erfolgreichen Tat, auf die er im Übrigen sehr stolz war, den Korb mit dem Kopf gepackt, rasch mit zwei seiner übergroßen, mit einem Monogramm und einer Krone verzierten Stofftaschentüchern bedeckt und den Korb mit seinem „Souvenir" aus der Französischen Revolution abtransportiert.

Keine Menschenseele interessierte sich für sein Treiben, geschweige denn für sein „Gepäck". Deshalb kam er auch in bester Laune bei Jo-Anna an, die inzwischen ihre Ruhepause beendet und immer noch keine Ahnung vom Geschehen rund um ihren Sohn hatte.

Umso erstaunter war sie darüber, dass Heinrich einerseits schon wieder auf ihrer Türschwelle stand, andererseits über sein Mitbringsel.

Wenig emotionsgeladen starrte sie in den Weidenkorb und blickte in das Gesicht ihrer gemeinsamen Tochter, die den völlig überraschten Gesichtsausdruck während des Kopfabschlagens eingraviert bekommen hatte. Sogar für eine Frau wie Bloody Mary, die selbst über 300 Protestanten hatte töten lassen, dürfte es ungewöhnlich gewesen sein, dass ihr der eigene Vater den Kopf mit einem Beil abgeschlagen hatte.

Für Jo-Anna war es aber anscheinend der ultimative Liebesbeweis, denn sie lächelte Heinrich liebevoll und dankbar an, denn mit dem Kopf, der sich nun vom Körper getrennt aufhielt, war sie ihre Sorgen um die missratene Tochter endgültig los.

Sie machte sich eher kurzfristig Gedanken darüber, was mit ihr selbst geschehen war, denn jene Idee, sich in dieser Weise ihrer Brut zu entledigen, wäre nicht einmal ihr gekommen. Sie hatte daher vor Heinrich plötzlich enormen Respekt gewonnen und begann, ihn erneut mit anderen Augen zu betrachten.

Dass Heinrich aber eher dessen Herrscherpläne denn echte Zuneigung zu dieser Aktion getrieben hatten, ahnte sie natürlich ebenso nicht. Vielleicht wäre es ihr auch egal oder womöglich sogar recht gewesen, denn die Verantwortung und die Aufgaben einer Herrscherin über die Unterwelt hatte sie ja sowieso immer gerne auf ihre Kinder abgewälzt. So lange, bis diese sich in ihren Augen gröbere Fehler geleistet hatten. So wie jetzt wieder ihr Sohn Rufus, der erneut in ihren Gedanken herum kreiste. „Rufus könnte ich aber nicht so leicht seinen Kopf abschlagen", überlegte sie gerade.

Sie packte den Weidenkorb samt grausigem Inhalt und suchte für diese Höllen-Reliquie einen geeigneten Platz. In Ermangelung desselben schob sie den Korb lediglich unter ihr Bett, um gleich daraufhin Heinrich den Achten zu einer erneuten mehrstündigen Liebesrunde in ihr Bett zu überreden. Der Kopf ihrer Tochter dürfte sie in der Ausübung wenig gestört haben, so lustvoll ging es zwischen den beiden zu.

Montag, 6. Juni 2011 – der 3. Geburtstag der Zwillinge

Leander und Laurenz wachten vor lauter Nervosität um ihren Geburtstag bereits um 5 Uhr früh auf und wollten die Nacht für beendet erklären, was naturgemäß weder bei ihrer Mutter und erst recht nicht bei ihrem Vater besondere Freude auslöste. Rufus hatte schließlich bis eben immer noch mit seinem Vater gesprochen und wollte sich schlafen legen, was er dann auch tat. Beide hatten sich über die letzten mehr als 40 Jahre austauschen müssen und logischerweise auch über die Rolle Jo-Annas in ihrer beider Leben.

Rufus war ziemlich irritiert über die Berichte seines Vaters, schließlich begann sein gesamtes, über seine Mutter zusammengezimmertes Bild, auch wenn er über viele Fehlbarkeiten in ihrem Leben unterrichtet war, wie vor einigen Jahren die echten Twin Towers in sich zusammenstürzen.

Es war zumindest nicht so, dass er den Erzählungen seines Vaters und darüber, warum seine Mutter über dessen Existenz einen Nebelschleier gelegt hatte, nicht Glauben schenken wollte, ganz im Gegenteil. Sehr lebhaft konnte er sich sehr wohl vorstellen, dass diese Berichte der Wahrheit entsprechen konnten.

Die Kinder ihrerseits waren trotz der Aufregung vom Vortag oder wahrscheinlich auch gerade deswegen noch geburtstagsüberdrehter, denn sie besangen sich und ihren 3. Geburtstag wechselseitig mit weit über 20 gesungenen „Happy birthday, lieber Laurenz, happy birthday, lieber Leander", trotz der ständigen Ermahnung ihrer Mutter, sich doch bitte leise zu verhalten. Dieses „Happy birthday, lieber Laurenz" wollte anfangs nicht so recht klappen, denn Leander meinte, er kenne den Text des Liedes nicht, woraufhin ihm Laurenz auf die Sprünge half: „Happy birthday, lieber – i-h-ich – happy birthday tu ju!" Mit dieser Texthilfe gelang es dann bestens.

Als Svenja nach über einer Stunde ständigen Seufzens, Ermahnens ihren Widerstand aufgab, sprangen die Kinder ausgeruht wie meist kurz vor dem Schlafengehen aus ihren Betten und schrien um die Wette, wann sie denn nun endlich ihre „Gebutztagspaschenke" bekommen würden.

Nur mit einiger Mühe und Geduld waren sie zu einem Mini-Frühstück zu bewegen, schließlich sollte ja der Kuchen, der schon auf seinen Verzehr wartete, mit dem Geschenk, das ihnen Rufus bereits zwei Tage zuvor vorschnell in Aussicht gestellt hatte, und allen Gästen gemeinsam angeschnitten werden. Zum kleinen Frühstück holte Svenja auch Fabienne dazu, die bis sieben Uhr auf dem Sofa geruht hatte und nun wieder wie neu erwacht war. Fabienne war zuerst überrascht, aber dennoch froh, die Kinder lustig und munter wieder zu sehen und ließ sich von Svenja die restlichen Ereignisse vom Vortag genauestens berichten.

Svenja hatte am Vorabend ja nicht nur Gerwin gebeten, bei ihnen zu übernachten, um mit Rufus in Ruhe reden zu können und mit ihnen den 3. Geburtstag seiner Enkel zu feiern, sie hatte auch die plötzliche Verwandtschaftsvervielfachung, Jo-Annas Zwillingsbruder Colin, den neuen Großonkel der Kinder, ebenfalls zur Geburtstagsfeier gebeten. Hierzu hatte sie ja auf Rufus' Computer eine E-Mail an Colin geschickt, damit er auch wusste, wo er seine Frau finden könnte.

Gegen neun Uhr früh waren auch die beiden nächtlichen Marathonredner Rufus und Gerwin zumindest so weit wieder bei Sinnen, dass sie sich extra für die Kinder aufraffen und aus dem Bett erheben konnten. Colin, den Svenja kurz danach auf dem Handy anrief, um sich zu versichern, dass er auch tatsächlich kommen würde, kam ebenfalls nur wenige Minuten später in Rufus' Wohnung an, wo er von seiner Frau bereits sehnsüchtig erwartet wurde und von den „Titanic-Findelkindern" sogleich mit einem riesigen feuchten Kuss auf die Wange begrüßt worden war.

Erwartungsfroh saßen die beiden erneut beim Tisch, jedoch ohne sich die sonst übliche Streiterei um den besseren Platz zu liefern, und das, obwohl sie noch niemand zur Ruhe ermahnen musste.

Dass die Aufzugsanlage wieder funktionieren würde, sprach sich sogar in der Hölle wieder rasch herum, als frühmorgens die ersten Aufzüge nach unten gefahren waren und ihre Türen öffneten.

Als Begleitperson nach oben fungierten die Erzengel und andere Engel, die sich jeder in einem Lift postiert hatten. Ebenso standen vor jedem dieser Lifte als Wachperson jene von Rufus am Vorabend instruierten Schergen, die die Einlass begehrenden Personen kontrollieren sollten auf den Besitz ihrer jeweiligen neuen Seele.

Alle, die durch die Hilfe der Zwillinge ihre Seelen befreit und zurück erstattet bekommen hatten, stellten sich sofort bei Sonnenaufgang gegen halb vier bereits an, um ja die Liftfahrt nach oben in den Himmel auf keinen Fall zu verpassen. Sie hatten zudem unsägliche Angst um ihre wieder zu ihnen zurückgekehrte Seele, dass die meisten unter Schlafentzug litten und sehnlichst auf einen erholsamen Schlaf nach erfolgter Aufnahme im Himmel hofften.

Selten sah man daher die Menschen sich so geduldig, freundlich und höflich in einer Reihe anstellen wie an diesem Morgen, vielleicht weil sich unter den Wartenden eine tiefe Verbundenheit ausgebreitet hatte.

Jeder oder jede, der bzw. die an die Reihe kam, lüftete kurz das T-Shirt oder die Bluse, jedoch gerade einmal so hoch, dass die Schergen ihren Bauchnabel auf das Vorhandensein ihrer Seele überprüfen konnten. Der Bauchnabel von seelenlosen Menschen war für die Höllenbediensteten leicht zu erkennen, demzufolge auch umgekehrt.

Nach einigen Stunden der reibungslosen Abfertigung der Menschenmasse, die die Hölle verlassen durfte, kehrte wieder Ruhe bei den Antipoden-Aufzügen ein. Sie blieben im Himmel oben stehen und warteten nur noch auf den Ruf, die drei ausstehenden Ankömmlinge Gerwin, Laurenz und Leander mit ihrer Begleitperson, deren Mutter abzuholen. Die Schergen kehrten wieder zu ihren angestammten Arbeitsplätzen bei der Stromerzeugung zurück, solange sie keine andersgearteten Befehle erhielte.

Rufus hatte die Geschenklieferung Gottes, die er kurz nach Mitternacht wie vereinbart aus dem Antipoden-Aufzug Nr. 666, der ganz in der Nähe seiner Wohnsitze lag, sowohl auf Erden als auch in der Hölle, abgeholt. Gerwin hatte seinen Sohn hierzu begleitet und jenen Segway, den Petrus noch schnell nach Anweisung Marias, die sie für den Umbau des Rollers extra vom Kochen abgehalten und stattdessen als Ratgeberin engagiert hatten, umgebaut.

Petrus war der geschicktere unter allen Himmelsangestellten, deshalb war der Segway-Roller auch schon eine Stunde später zur Auslieferung an Rufus fertig. Immerhin hatte Petrus eine sehr beachtenswerte und gut sortierte Werkzeugsammlung, die selbst einen Heimwerkerkönig mit Migrationshintergrund aus Afrika vor Neid auf der Stelle in einen Albino verwandelt hätte.

Der Kuchen wurde auf der Tischmitte platziert, alle Anwesenden sangen inbrünstig für Laurenz und Leander mehrere Male „Happy birthday", umarmten und küssten die Kinder, ohne zu bemerken, dass die beiden ihren Kuchen kaum angerührt hatten, so sehnsüchtig warteten die Zwillinge auf ihre Geburtstagsüberraschung, die Rufus nach einem stärkenden Kaffee endlich aus seinem Büro hervorholte.

Der für Kinder als Mitfahrer umgebaute Segway verlor nicht seine Wirkung, so einen imposanten Roller hatten die Kinder noch nicht gesehen. Rufus, der mit seinem Vater in der Nacht noch einige Runden auf dem Gang im Vorzimmer den Umgang mit dem Gerät geübt und einige Stürze auf sich genommen hatte, stellte sich fahrbereit hin und wollte die Kinder in die beiden neu am Fahrgestell montierten Kindersitze hineinsetzen, da ging sogleich das Geschrei los: „Ich will da nicht sitzen! Ich will selber fahren!", und dies im Doppelpack.

Rufus' Blick verfinsterte sich, er wollte schon zu schreien beginnen, da lenkte der wenige Stunden alte Großvater beschwichtigend ein. Er versprach den beiden: „Klar dürft ihr alleine fahren!", bedeutete Rufus, vom Segway zu steigen, was dieser auch etwas verblüfft tat, und stellte Leander und Laurenz gleichzeitig auf das Fußbrett und wartete auf die ganz und gar nicht unerwartete Reaktion der Kinder, die keine zwei Sekunden auf sich warten ließ: „Ich komme nicht so hoch hinauf!", beschwerte sich sogleich einer der Zwillinge. „Ich kann mich alleine nicht halten!", rief der andere.

„Oje, der Haltegriff ist zu hoch oben. Ach, wie schade", bedauerte der Großvater die Buben und zwinkerte seinem Sohn zu, während er den Kindern den Rücken zukehrte.

„Also, da will ich nicht mehr damit fahren, das ist mir zu hoch!", maulte nun wieder der erste Zwilling, „ich will im Kindersitz sitzen. Papa, du fährst uns!", befahl er sogleich seinem Vater. Leander überlegte kurz, meinte dann aber auch: „Ja, Papa, du musst uns fahren!", und ließ sich in den Sitz hineinheben.

Nachdem sich die Kinder also freiwillig in den Kindersitz gesetzt hatten, war es auch für sie völlig in Ordnung, dass ihr Vater sie im großzügig angelegten Wohn- und angrenzenden Vorzimmer herumfuhr. Der Befehle war es noch nicht genug: „Papa, schneller! Gib Gas!", juchzten sie immer ausgelassener.

Der Großvater und die anderen lachten herzlich bei dem Geschrei um die Anfeuerung ihres Vaters und dessen „Brumm-brumm"-Geräuschen.

Als die Rennfahrt mit dem Segway beendet war, holte Rufus noch ein neues Kirschkernkissen für Laurenz' Pinguin aus der Segway-Tasche, das Gott noch rasch hineingestopft hatte. Kein Geringerer als Gottes Kindergärtner-Sohn Jesus hatte die Kirschkerne, die er von den wohlschmeckenden Kirschen befreit hatte, noch rasch abgekocht, trocken geföhnt und von seiner Freundin Maria Magdalena in ein buntes Stoffpölsterchen nähen lassen. Zu nahe waren ihm Laurenz' Tränen um den Verlust des Inhalts von dessen „Dickbauch" gegangen, als er ebenfalls das Geschehen in der Hölle auf dem Bildschirm der Überwachungsanlage beobachtet hatte.

Laurenz jubelte vor Freude, als seine Mutter das neue Kirschkernkissen wieder in den Bauch des Pinguins hineinschob und somit sein geliebter „Dickbauch" seinem Namen wieder alle Ehre machen und den prall gefüllten Bauch wieder voller Stolz präsentieren konnte.

Damit auch Leander eine Geburtstagsüberraschung bekommen sollte, hatte Jesus auch ihm ein Geschenk mitgeschickt: Jesus' bereits ziemlich mitgenommenen Teddybären, den er erst im zarten Alter von 33 Jahren, nach der Auferstehung in den Himmel, von einer Verehrerin geschenkt bekommen hatte. Der Bär hatte ihm zumeist alptraumfreie Nächte beschert, schließlich wurde Jesus des Öfteren von schlimmen Kreuzigungs-Träumen heimgesucht. Durch diese schweißdurchtränkten Nächte hatte ihn der treue Teddybär stets begleitet, nun fand er es an der Zeit, diesen an Leander weiterzugeben, schlussendlich hatte Leander ja auch ein Kreuz zu tragen, das kein leichtes war: Er war der Sohn des Teufels und der Enkel der Oberteufelin. Wenn das kein Grund für Alpträume sein würde...

Während der Geburtstagsfeier bzw. nach dem Überreichen des Kuscheltieres und der Füllung für des Pinguins Bauch wurde Rufus immer stiller und nachdenklicher. Ihm setzte zu, dass er seine Familie über die erfolgreiche Reparatur der Antipoden-Lifte in Kenntnis setzen sollte. Er wollte einen kurzen Moment alleine sein, da fiel es im allgemeinen Trubel auch nicht weiter auf, dass er für einige Minuten in sein Geheimzimmer verschwand.

Die plötzliche Nachricht von der erfolgreichen Reparatur der Aufzüge traf Svenja und die Kinder trotz seines eigentlich zur Freude Anlass gebenden Inhalts ziemlich unerwartet, obgleich das Ende des Besuchs bei Rufus abzusehen war. Umso stiller wurden die Kinder, und je stiller diese geworden waren, desto nachdenklicher und ruhiger wurden auch die Eltern, der Großvater, der Großonkel sowie die Großtante.

Svenja packte die paar Habseligkeiten, an denen die Kinder hingen, zusammen. Ohne seinen geliebten Dickbauch mochte Laurenz sowieso nicht die Hölle verlassen und Leanders Prachtstück, der Gummiball, der sie alle zu Rufus gebracht und den Gerwin auf der Titanic II rasch eingesteckt und Leander wieder überreicht hatte, sollte auch als Erinnerungsstück mit in den Himmel kommen.

Ein „Papa, kommst du mit?" ersparten sich und Rufus die Zwillinge, weil sie ohnehin mitbekommen hatten, dass ihr Vater hierbleiben musste, und fassten daher ganz selbstverständlich und ohne ein einziges Wort ihren Vater an der Hand und ließen sich von ihm in Richtung Antipoden-Lifte bringen. Svenja, Gerwin, Colin und Fabienne taten es ihnen gleich und trabten ebenso wortlos hinter ihnen her. Die Mini-Prozession kam bald zu zwei gegenüberliegenden Aufzügen, wobei nur der Teufel genau wusste, welcher der beiden seine Familie in den Himmel bringen sollte. Die Kinder steuerten in Richtung des rechten Lifts, aber Rufus lenkte sie nach links.

„Warum dürfen wir denn diesen Aufzug nicht benützen?", wollte Leander genau wissen.

„Ganz einfach, weil das der falsche Antipoden-Lift ist. An jeder Aufzugs-Haltestelle gibt es diese Antipoden-Lifte. Da wir in der Hölle in der Mitte der Erdkugel sind, fahren die Aufzüge jeder in die entgegengesetzte Richtung der Erde. Ihr müsst wieder über euren letzten Aufenthaltsort, also über Österreich, in Richtung Himmel fahren, und der Antipoden-Lift auf der rechten Seite würde euch über Neuseeland nach oben bringen. Fragt mich aber nicht, warum ihr über euren letzten Aufenthaltsort fahren müsst. Ich befolge nur die Anweisung Gottes."

Der Teufel hatte seine Erklärung beendet, da öffnete der linke Fahrstuhl seine Tür, bereit, seine Gäste zu empfangen. Kein Engel, Erzengel oder sonst jemand war zu sehen, dafür auch keine Schergen.

Es hieß also Abschied nehmen. Zuerst verabschiedete sich Rufus von seinem Vater, dessen kurze Bekanntschaft für ihn fast mehr Fragen aufgeworfen als beantwortet hatte, so sehr sehnte er sich eigentlich nach der Präsenz eines Vaters, zumal ihm als Ersatz, die Vaterrolle bei seinen Kindern zu spielen, nun auch nicht mehr möglich war.

Rufus umarmte Gerwin, hielt ihn einige Sekunden in den Armen, um zu verbergen, dass sich zwei Wassertropfen durch seinen Tränenkanal hindurch geschlichen hatten.

Danach bückte er sich zu seinen Kindern hinunter, während ihm das zugeschnürte Herz fast den Atem versagte, schließlich wusste er, dass er seine Kinder nie wieder sehen würde, dennoch rang er sich ein „passt gut auf euch, den Opa und die Mama auf. Ich hab' euch lieb!" heraus, und wehrte sich jetzt gegen weiteren Tränenlauf nicht mehr. Die Kinder erdrückten ihn beinahe und flüsterten ihm ein „wir haben dich lieb vom Himmel bis zur Hölle und wieder zurück" ins rotbepelzte Ohr, während sie ihn jeder auf eine rötliche Backe küssten.

Das Originalzitat des großen Hasen an den kleinen Hasen lautet: „Ich hab dich lieb bis zum Mond und wieder zurück" und stammt aus dem Kinderbuch „Weißt du wie lieb ich dich hab". Die gesamte Geschichte war von Svenja jeden Abend als Gute-Nacht-Ritual vorgelesen bzw. erzählt worden. Die Kinder hatten diese Geschichte daher mit ihren drei Jahren bereits mehr als 1.000-mal gehört und somit dermaßen verinnerlicht, dass sie es beliebig umändern konnten.

Langsam erhob er sich, umarmte nun auch seine Frau, küsste sie auf den Mund und drückte ihr eine silberne Schatulle in die Hand.

„Warum küsst du mich denn, ich muss ja eh gleich wieder kommen, sobald ich die Kinder sicher im Himmel abgegeben habe", presste Svenja hervor, die ebenso weinen musste, eingedenk der Tatsache, dass sie sich in wenigen Minuten ebenfalls von ihren Kindern würde verabschieden müssen.

„Du weißt es vielleicht nicht, aber ich habe dich – zugegeben auf meine sehr eigenartige Weise, aber dennoch – sehr geliebt. Passt auf euch auf!", entgegnete er ihr, ohne auf ihren Hinweis einzugehen.

Svenja verstand sein Verhalten ganz und gar nicht, sah ihn nur aufs Tiefste verwundert an und stieg mit allen anderen in den Aufzug, nachdem sie alle noch Colin und seine Fabienne herzlich umarmt und geküsst und ihnen mehrfach gedankt hatten.

„Ich muss euch noch ein Bussi geben!", schrie Leander und lief noch einmal zu Rufus und den beiden anderen hinaus.

„Ich muss euch auch noch ein Bussi geben!", schrie nun ebenfalls Laurenz und lief ebenso zu Rufus, Fabienne und zu Colin hin, die sich alle noch einmal abbusseln ließen, den beiden ebenso ein Küsschen gaben und sie wieder in den Aufzug hineinstellten.

Dieses Bussi-Szenario wiederholte sich noch ca. fünfzehnmal, bis die Zwillinge ihrem Vater, Großtante und -onkel nur noch zuwinken konnten, denn die Fahrstuhltür hatte sich endgültig geschlossen, und der Lift trat seinen vorbestimmten Weg nach oben an.

Die Zwillinge winkten den dreien noch lange nach, auch als sie schon längst nicht mehr zu sehen waren, während Svenja fragend zwischen der Schatulle und ihrem Schwiegervater hin und her blickte.

„Mach die Schatulle doch einmal auf!", riet ihr ihr Schwiegervater.

Svenja öffnete ganz sachte die Schatulle, da flog bereits bei einem winzigen Spaltbreit der Öffnung eine kleine bunte Kugel mit Flügeln heraus.

Die Kinder wussten sofort, was es war: „Mama, Papa hat dir eine seiner Glasmurmeln geschenkt!", riefen sie freudig überrascht.

Nicht minder überrascht waren Svenja und Gerwin, die um den Wert der vermeintlichen Glasmurmeln wussten, aber da hatte Svenjas Seele bereits versucht, an ihren angestammten Platz zu kommen. Svenja half ihr ein wenig, indem sie das geborgte T-Shirt anhob, damit die Seele durch den Bauchnabel wieder in Sicherheit schlüpfen konnte.

„Rufus hat dir doch tatsächlich deine Seele zurück geschenkt!", wunderte sich immer noch Gerwin.

Svenja steckte plötzlich ein dicker Kloß im Hals, aber sie war so gerührt über dieses großzügige Geschenk, dass sie vor lauter Freudentränen beinahe einen kleinen, mehrfach gefalteten Zettel in der Schatulle übersehen hätte. Darauf stand: „Du hast mir mit den Kindern ein so großes Geschenk gemacht, das ich früher nicht einmal annähernd zu schätzen gewusst habe. Die letzten Tage mit euch waren meine bisher schönsten. Die Kinder sollen nicht ohne dich sein müssen, zudem bin ich dir die ganzen Jahre kein guter Ehemann gewesen. Du hast es nicht verdient, in der Hölle bleiben zu müssen. Eigentlich hat das keine Mutter, denn sie leisten alle den besten, dafür unbezahlten, wahrscheinlich auch den unbedanktesten Job. Daher habe ich, nachdem die Kinder sowieso fast alle der gesammelten Seelen mit dem Buchstaben „R" und „S" frei gelassen hatten, deine herausgesucht. Wir werden uns nicht wiedersehen, darum möchte ich mich heute bei dir für alles entschuldigen und dass ich dich so unglücklich gemacht habe. Ich liebe dich und die Kinder. Werdet glücklich! Umarme die Kinder und meinen Vater für mich! Dein Rufus"

Der Abschiedsbrief öffnete sämtliche Schleusen. Gerwin sowie die Kinder mussten Svenja in die Arme nehmen und trösteten sie auch ohne Worte, alleine durch ihre Anwesenheit und ihre Umarmungen.

Nach relativ kurzer Zeit, wenn man die zurückgelegte Strecke bedenkt, hielt der Lift an und öffnete sanft seine Schiebetüren. Vorsichtig lugten Svenja und die Zwillinge hinaus. Erneut tat sich vor ihren Augen ein Gang auf, der relativ schwach beleuchtet war, im Gegensatz zu dem hell erleuchteten Weg, auf den sie sich am Freitag gemacht hatten.

Irgendwie hatte sich Svenja den Weg zum Himmel anders vorgestellt, zumindest etwas spektakulärer, noch dazu war keine Menschenseele zu sehen, geschweige denn jemand, der sie empfangen, abholen oder wenigstens irgendwo hinweisen würde.

Die Kinder und sie stiegen aus dem Lift. Gerade als sie sich nach Gerwin umdrehten, der nicht ausgestiegen war, schlossen sich wieder die Lifttüren. Gerwin winkte ihnen noch kurz zu, und schon war er verschwunden. Um wenigstens irgendwohin zu gehen, gingen die drei etwas hilf- und ratlos einfach geradeaus, weg vom Aufzug. Nach einigen hundert Metern, gerade als Leander wieder einmal zu maulen begann, dass ihm die Füße weh täten, sahen sie eine Tür, die sie ebenso ängstlich wie vorsichtig öffneten. Dahinter verbarg sich ein Zimmer, in dem stille Betriebsamkeit herrschte und das starke Ähnlichkeit mit den Zimmern in einem Krankenhaus aufwies. Je näher sie hineintraten, umso mehr erinnerte sie das Treiben der grün vermummten Menschen jenem von Krankenschwestern und Pflegern. Bei genauerer Betrachtung konnten sie erkennen, dass hier drei Menschen in drei Betten schliefen und von zahlreichen Schläuchen und Maschinen beinahe unkenntlich gemacht worden waren. Jene drei Menschen, die in den drei herum stehenden Betten lagen, und deren Gesicht sie plötzlich genauer erkennen konnten, ließen sie wie ehemals Lots Frau zu einer Salzsäule erstarren, denn hier lagen jeweils die genauen Kopien von Leander, Laurenz und Svenja.

Während sie noch überlegten, was dies alles zu bedeuten hätte, überkam sie eine große, bleierne Müdigkeit, und sie sanken in tiefen Schlummer.

„Doktor Fleischmann, bitte dringend auf die Intensiv II. Doktor Fleischmann, bitte dringend auf die Intensiv II!!!", schallte es durch die Unfallabteilung.

Herr Doktor Fleischmann, der durch seine Statur, aber vor allem durch die Größe seiner Hände heimlich auf der Station „Herr Fleischhauer" genannt wurde, begab sich schnellen Schrittes zur gewünschten Station. Er desinfizierte seine Hände, schlüpfte rasch in die von einer Pflegeschwester hingehaltenen Ärmelöffnungen in einen Kittel und ließ sich noch einen Mundschutz umbinden, während man ihn sogleich mit den Worten „Die gesamte Familie Sunatas ist aus dem Koma erwacht!" überfiel.

Das war ja nun eine echte Sensation, damit hatte Doktor Fleischmann am allerwenigsten gerechnet, denn viel zu schlecht war seine Prognose für die Ehefrau seines Kollegen und dessen Kinder ausgefallen. Eigentlich wollte er am Freitag seinem Kollegen, den sie vergeblich zu erreichen versucht hatten, die schlimme Nachricht über den Zustand von dessen Familie mitteilen. Seltsamerweise hatten sie weder Doktor Sunatas telefonisch noch durch einen Boten noch durch einen anderen, mit ihm befreundeten Kollegen, der versprochen hatte, ihn zu Hause aufzusuchen, erreicht. Kollege Sunatas war und blieb aber wie vom Erdboden verschluckt. Ein sehr seltsames Zusammentreffen mehrerer Ereignisse war das für ihn. Noch seltsamer mutete ihn allerdings das jetzige Erwachen der drei Patienten an, aber er wollte sich das etwas genauer ansehen.

Als Doktor Fleischmann die Decke seiner Patientin lüftete, weil er sie abhorchen wollte und sich über ihren Zustand ein Bild machen wollte, staunte er nicht schlecht: „Schwester Nina, was ist denn das? Wer hat denn der Patient Sunatas eine derart laienhafte Schiene verpasst? Was soll das? Die Patientin hatte doch zum Unfallzeitpunkt gar kein gebrochenes oder verstauchtes rechtes Knie! Das gibt es doch gar nicht. So eine Schlamperei!!! Bringen Sie mir sofort die Krankenakte!", forderte er nun etwas barscher, denn seine gute Laune über den Erfolg des Erwachens seiner drei Patienten war einer Übellaunigkeit über die Nachlässigkeit seiner Mannschaft gewichen.

„Ich weiß es auch nicht", rätselte nun auch Schwester Nina und besah sich ebenso ratlos dieses eigenartige Ding, das in ihren Augen nicht einmal eine Schwesternschülerin in dieser Weise fabriziert hätte. Sie wollte das aber weder auf sich noch auf ihren Kolleginnen und Kollegen sitzen lassen und holte daher rasch die Unterlagen über sämtliche Befunde der Patientin.

Keiner der beiden hatte sich weder die Mühe gemacht, in Svenjas betroffenes, schuldbewusstes Gesicht zu blicken noch diese Frage eventuell an sie zu richten, woher denn diese laienhafte Schiene an ihrem Knie stammen könnte. Dazu war schließlich ein Patient viel zu unwichtig, genau wie dessen Ansicht oder sonst etwas. Es war auch schlicht unter der Würde eines Arztes, sich um den Menschen als Person zu kümmern. Viel interessanter waren für sie lediglich dessen diverse Krankheiten, Knochenbrüche etc.

Svenja konnte sich ohnehin glücklich schätzen, dass Doktor Fleischmann ihren Namen aussprach, wenn er von ihr redete, was alleine dem Umstand zu verdanken war, dass sie die Ehefrau eines Kollegen von ihm war. Ansonsten wäre sie vielleicht nur die Koma-Patientin mit den Koma-Zwillingen gewesen.

Selbst Laurenz und Leander beäugten das Geschehen lediglich aus ihren Betten und enthielten sich zum Glück eines Kommentars wie: „Die Schiene hat der Papa der Mama gebastelt." Svenjas flehentlich-inwendige, daher lautlose Bitte gen Himmel war also erhört worden. Sie seufzte erleichtert auf und wartete einfach auf die weitere Entwicklung. Andererseits ließ das Schweigen der Zwillinge die vage Hoffnung in ihr aufkeimen, dass sie das Abenteuer in der Hölle und um ihren Mann nur geträumt hätte. Allein die Tatsache um diese rätselhafte Schiene ließ sie allerdings stark zweifeln.

Montag, 4. Juli 2011

Wir liefen um unsere Betten herum, während Mama die von Oma mitgebrachte Tasche mit unseren paar Habseligkeiten packte. „Oma, komm! Lauf mit uns!", sollten unsere fröhliche Rufe die Oma locken, aber die Omar war viel zu sehr in Sorge um uns, dass sie uns zum Glück wieder um sich haben durfte . Wir hatten uns in den vier Wochen der Rekonvaleszenz nach unserem Unfall sichtlich gut erholt, dass sie uns eher von unserem Vorhaben abhalten, denn unserem Ansinnen Folge leisten wollte. Leander und ich haben nämlich gleich nach unserer Rückkehr die Windpocken bekommen. Alle im Krankenhaus waren rührend um uns bemüht. Sie waren sich sicher, dass wir uns noch beim letzten Kindergartenbesuch am Freitag oder auch davor angesteckt haben mussten und verwöhnten uns mit allerlei Leckereien und schickten uns sogar einmal die Clini-Clowns zur Erheiterung. Das war ein toller Nachmittag mit den lustigen Ärzten!

Nach erfolgreichem Packen, mit zahlreichen Unterbrechungen durch das Herumtollen mit oder ohne uns verabschiedeten wir uns alle, glücklich, den Unfall überlebt zu haben, ganz herzlich von den behandelnden Ärzten und dem Pflegepersonal, aber dennoch in der Hoffnung, die Belegschaft nicht mehr dienstlich sehen zu müssen. Ganz so lustig waren sie dann nämlich auch wieder nicht. Vor allem die Männer, die sind manchmal mit einer Spritze gekommen und haben uns gestochen. Die Frauen haben uns währenddessen wenigstens eine Geschichte erzählt oder uns ein Geschenk gebracht.

Von unserem Abenteuer in der Hölle wollte Mama auch erst nichts glauben, wir mussten sie doch tatsächlich daran erinnern, dass Papa der Teufel sein sollte. Von der Papa-Oma als Ober-Teufelin war sie aber gleich überzeugt. Jedenfalls hat sie uns verboten, irgendjemandem davon zu erzählen, sie meinte sogar, dass wir sonst voneinander getrennt würden oder dass wir dann eine Weste oder so etwas verkehrt herum anziehen müssten, was wir eigentlich ganz lustig fanden, denn unsere Malschürze ziehen wir ja auch so an. Mama fand das aber nicht ganz so witzig, da haben wir ihr halt versprochen, nichts davon zu erzählen. Na ja, Sie wissen jetzt eigentlich darüber Bescheid, leider dürfen Sie es nicht weitersagen, tut mir leid…

Mama meinte jedenfalls, dass wir, wenn wir drei miteinander darüber reden würden, so unsere Erlebnisse verarbeiten könnten, dann müsste sie aber auch zugeben, dass alles tatsächlich so passiert sein müsste. Sie sagte auch, dass wir, sobald sie Zeit und Ruhe zu einem Gespräch hätte, der Mama-Oma davon erzählen würden, dann könnten wir auch mit der ihr darüber reden. Jemand anderem wollte sie keinesfalls diese abenteuerliche Geschichte auftischen.

Die liebe Mama-Oma, die in den letzen zwei Wochen seit unserer Rückkehr ins Leben mindestens zwei Tonnen weniger Gewicht auf die Waage brachte, denn ein riesiger Felsbrocken war von ihrem Herzen gefallen, fuhr also mit uns mit dem Autobus zum Haus von Papa, wo wir drei eine kurze Rast machen und später noch einige Habseligkeiten mitnehmen sollten, um wie vor dem Unfall geplant, in die neue Wohnung ziehen zu können, das sagte zumindest die Mama. Wir finden das aber gar nicht so klasse, uns gefällt es nämlich im Papa-Haus, die neue Mama-Wohnung hat nur einen kleinen Garten, dafür einen tollen Spielplatz. Aber Hauptsache ist, dass die Mama bei uns ist, denn den Papa vermissen wir schon sehr.

Die Großmutter brachte ihre Lieblinge bis zur Tür, gab allen noch einen dicken Kuss und versprach, ihre Liebsten nach einigen Stunden der Rast wieder abzuholen, denn Svenja hatte darauf bestanden, das ihr nun erst recht unheimlich gewordene Haus, das schließlich das Haus des Teufels sein sollte, mit den Kindern alleine zu betreten.

Die Kinder hatten derlei Berührungsängste mit dem Haus nicht, daher liefen sie sogleich durch die Tür in ihr Reich, wo bereits ihre vielen Spielsachen total verwaist dahinvegetierten.

Svenja stellte die Tasche im Vorraum ab, ging in die Küche, sie musste nun nicht mehr ganz so humpeln, da ihr Kniebruch fast verheilt und nur noch in einen leichten Gips verpackt war. Den Kniebruch hatten sich die gesamten Ärzte und Schwestern nicht erklären können, breiteten aber kurz darauf über das Ganze das Deckmäntelchen des Schweigens.

Sie setzte Knödelwasser für die Leibspeise der Zwillinge, Erdbeerknödel, auf und hing ihren Gedanken nach. Nach knapp 20 Minuten rief sie die Kinder , dass sie sich schon zur Essecke an den Tisch setzen sollten, da hörte sie ein Gejubel und Geschrei aus dem Wohnzimmer, das an die Essecke angrenzte. Sie nahm rasch die Schüssel mit den Knödeln und ging dem Lärm nach.

Beinahe hätte sie vor lauter Schreck die Schüssel fallen gelassen, denn vor der Essecke stand, von den Kindern behängt und geherzt, ihr Ehemann, von dem sie mit Fug und Recht angenommen hatte, dass er in der Hölle bleiben würde.

„Hallo Svenja!!", rief Rufus, auf sie langsam, Leander an seinem Bein festhängend, Laurenz auf dem Arm, zuschreitend. Er fasste seine verdutzte Frau kurz an die Hüfte und versuchte, mit seinen Kindern Platz zu nehmen.

„Was machst du denn hier? Ich dachte, du müsstest jetzt unten bleiben?", fragte ihn seine Frau, während die Kinder immer wieder den beiden ins Wort fielen, solche Freude hatten sie mit Papas plötzlichem Erscheinen.

„Erstens hat man mich im Krankenhaus gekündigt wegen unentschuldigten Fernbleibens für die paar Tage – mein Mail ist zu allem Unglück ebenfalls nie dort angekommen –, zumal ich keine logische Erklärung dafür abliefern konnte. Ich konnte ihnen ja schlecht erzählen, dass kein einziger Lift von der Hölle nach oben funktionierte. Zweitens hat mich meine Mutter aller meiner Ämter enthoben, weil einerseits so viele Seelen verloren gegangen waren und sie andererseits darauf gekommen ist, dass ich dir deine Seele einfach zurückgegeben habe, wo sie dich doch so leidenschaftlich hasst. Sie meinte, das wären zu viele Fehlschläge meinerseits und nahm mir meinen Posten, den nun ihr neuer, alter Lover wieder inne hat."

Svenja schüttelte ungläubig den Kopf: „Welcher neuer, alter Lover denn? Und was heißt das jetzt, bist du jetzt kein Teufel mehr?", wollte sie wissen und warf einen kurzen Blick auf die Kinder, die zwar mit dem Verschlingen ihrer Leibspeise vollauf beschäftigt waren, aber ganz genau die Ohren spitzten.

„Du kennst ihn", schmunzelte Rufus, „es ist Heinrich der Achte, mit dem sie eine gemeinsame Tochter, du weißt schon, „Bloody Mary", hat oder besser gesagt hatte. Heinrich war die letzten Tage von ausgesuchter Höflichkeit und Beflissenheit, noch dazu hat er ihr von Bloody Mary den oberen Körperteil gebracht, ich hoffe, du verstehst", und blickte ebenso verstohlen zu den Kindern hin, während er seiner Frau mit der Hand die Schnittgeste an der Kehle zeigte, um die endgültige Köpfung Marys anzudeuten.

Seine Frau riss erstaunt die Augen auf: „Du meinst doch nicht etwa…?"

„Doch, genau das meine ich", grinste Rufus. „Heinrich wollte ihr damit seine Hingabe demonstrieren, denn Mary hat ja, ebenso wie ich, viel zu viele Seelen „verbockt", da hat er sie in Hell City die Französische Revolution aufgesucht, und …, er zwinkerte kurz, um das Geschehen nicht aussprechen zu müssen. „Aber nachdem Heinrich das fehlende Teil mitgenommen, es Jo-Anna in einem Weidenkorb als Beweis seiner Treue serviert hat, und Jo-Anna es kurzerhand unter ihrem Bett platziert hat, ist es mit Mary wohl vorbei – sozusagen."

Er machte eine kurze Erzählpause, um sich einen Erdbeerknödel zu genehmigen, berichtete dann aber weiter: „Sie hat mir alles brühwarm unter die Nase gehalten, was sie mit meiner Halbschwester gemacht hatten und mir allerhand Vorhaltungen, auch über meine Stornierung der Hinrichtungen bei der

Französischen Revolution an unserem Kinder-Such-Tag gemacht. Zudem habe ich vor ihrem Telefonat einige Mails von wohlmeinenden Hölleneinwohnern über die vermeintlichen Ermordungspläne meiner Person durch Mama und Heinrich erhalten. Du musst wissen, dass nirgendwo das Denunziantentum eine derartige Hochblüte erlebt wie in der Hölle. Nachdem ich das alles mitbekommen habe, habe ich die Gelegenheit des quasi Rauswurfs gleich beim Schopf gepackt und bin hierher geflohen, bevor die beiden noch tatsächlich auf dumme Gedanken gekommen wären. Schließlich ist Jo-Anna mit Heinrich ordentlich beim „Rumpeln". Wer weiß, womöglich wird sie erneut bald in anderen Umständen sein, dann wäre es für mich dort unten lebensgefährlich, ich bin ja jetzt kein Teufel mehr, sondern nur noch ein schlichter Arzt, und im Gegensatz zu den ganzen Höllenbewohnern bin ja ich immer noch lebendig. Sie könnte mir wer weiß was antun", blickte er nun ziemlich ernst drein.

Die Angst um sein Leben war leicht nachzuvollziehen: „Sie hat bereits wieder Ausschau nach schwangeren jungen Frauen gehalten. Vater hat mir erzählt, dass er dich darüber informiert hat, was das bei ihr bedeutet", wollte er im Hinblick auf die Kinder nicht näher ausführen.

„Danke, ich weiß inzwischen, was das heißt", winkte Svenja ab.

„Und was machen wir jetzt?", fragte sie zaghaft.

„Wenn du deine Pläne mit der Wohnung vergisst und mir noch einmal eine Chance gibst, will ich dir und den Kindern ein richtiger Ehemann und Vater sein, das verspreche ich dir", beteuerte Rufus und nahm sanft die Hand seiner Ehefrau. „Vor einer bösen Schwiegermutter musst du ja nun keine Angst mehr haben, die hat mich längst abgeschrieben, außerdem habe ich in den letzten Nächten bis heute früh den Keller zubetoniert, wo der Aufzug seine Haltestelle hatte. Zumindest mit einigen Unterbrechungen habe ich gearbeitet, denn als ich hier oben ankam, habe ich die Windpocken bekommen." Vorsichtig blickte er zu seinen Kindern hin, die das Wort Windpocken gut kannten und ihm bestätigten: „Du auch, Papa? Wir hatten auch im Krankenhaus die Windpocken. Es hat sooooooo gejuckt!" Sie schoben sogleich ihre Ärmel hoch und zeigten ihm ihre immer noch ein wenig sichtbaren Blessuren auf den diversen Körperstellen. „Schau mal, Papa, sogar auf dem Kopf und im Ohr hatte ich Punkterl!", berichtete ganz trauriger Leander. „Ich war ein ganz armes Mausi!"

„Ich war auch ein armes Mausi!", musste natürlich Laurenz ebenso hinzufügen.

Rufus strich den beiden sanft über den Kopf. „Ich weiß, ihr beide seid jetzt aber meine gesunden Mäuschen", und freute sich, dass er alle drei wieder bei sich hatte.

„Hier kommt sie jedenfalls nicht mehr herein", beruhigte er seine Frau. „Aber wenn du willst, könnten wir uns auch ein neues Haus suchen, falls dir dieses doch zu unheimlich wäre. Ich bitte dich nur, gib mir und uns noch eine zweite Chance!"

„Was willst du jetzt überhaupt arbeiten?", wollte sie noch wissen.

„Ich habe bereits einige Bewerbungen für andere Krankenhäuser weggeschickt. Die Privatpraxis mit der Schönheitschirurgie könnte ich auch ausdehnen, die bleibt mir als Option für ganztags immer noch. Zumindest werde ich von den künftigen Patienten keine Seelen mehr lukrieren, so viel ist einmal sicher", lachte er.

„Ja, bitte Mama, bleiben wir mit Papa hier!", bat Leander genau wie sein Bruder Laurenz. Die beiden hatten also ganz genau das Gespräch ihrer Eltern mit verfolgt, sich aber seltsamerweise bis jetzt relativ still verhalten.

Laurenz nahm Mamas und Papas Hand und legte sie ineinander, während er die beiden anlächelte. Svenja konnte kaum anders, sie behielt Rufus' Hand in ihrer und meinte: „Also gut, versuchen wir es. Vielleicht klappt es ja mit uns als Familie, jetzt wo sich deine Mutter nicht mehr einmischen und ihr Gift verteilen kann."

Leander stürzte daraufhin, den Mund immer noch voller Knödelmasse und erdbeerrot um den Mund verschmiert zu den anderen und hielt nun seinerseits jeweils eine Hand von Mama und Papa. So standen sie lange im Kreis, schauten sich an und blickten so hoffnungsfroh auf eine freudvolle Zukunft zu viert, ohne Einmischung der bösen Jo-Anna.

ENDE

Dieses Buch widme ich meinen Inspirations-Zwillingen

Alexander und Albin